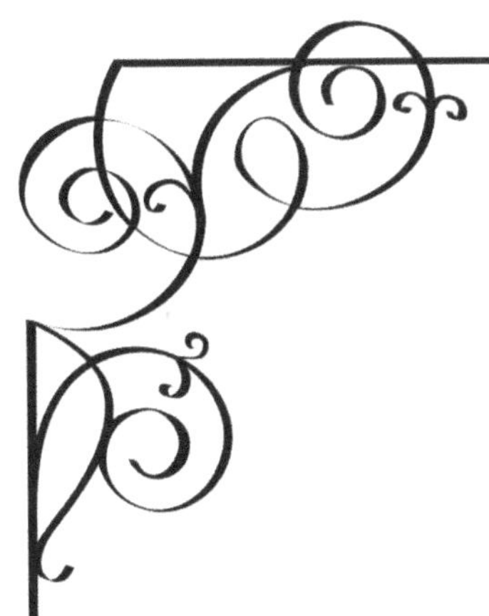

¡Bienvenidos al libro de ilustraciones: "Dibujos de Anime y Flores"! Este libro está diseñado para personas de entre 10 y más de 18 años que tienen un amor por la creatividad, el color y la expresión artística. En las páginas de este libro combina los elementos fascinantes del anime y la belleza de las flores con 30 dibujos de anime y flores para poder colorear.

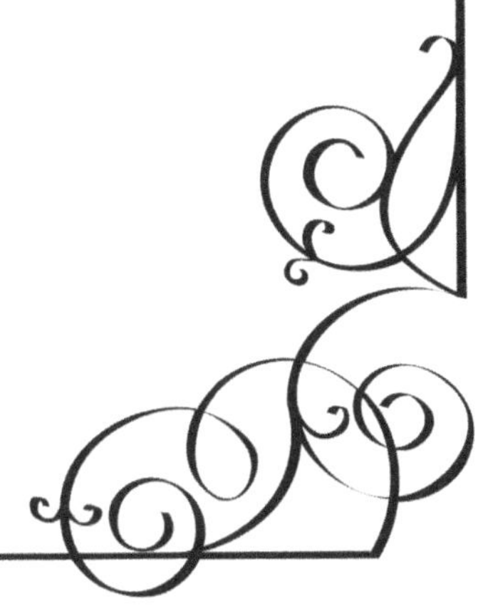

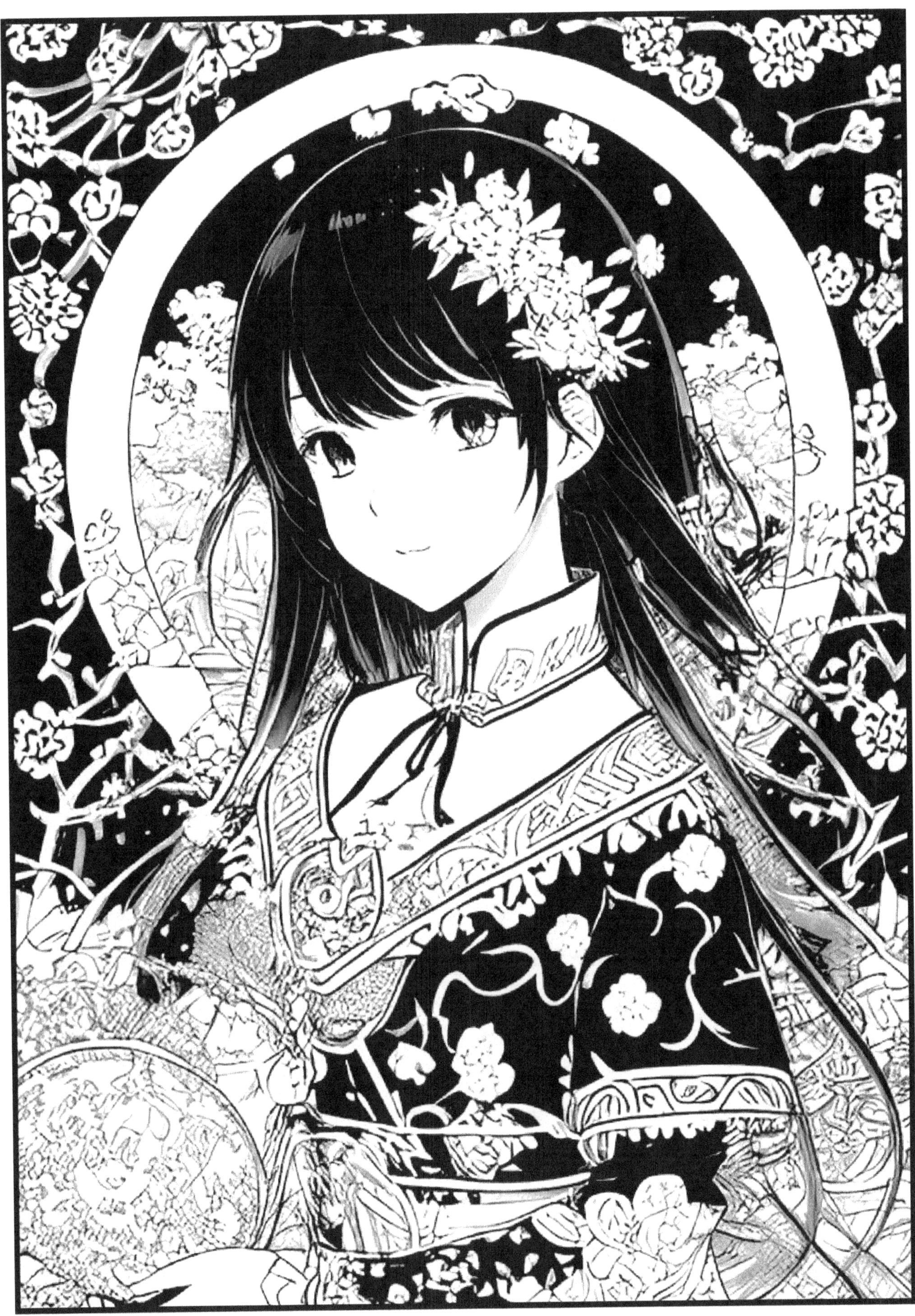

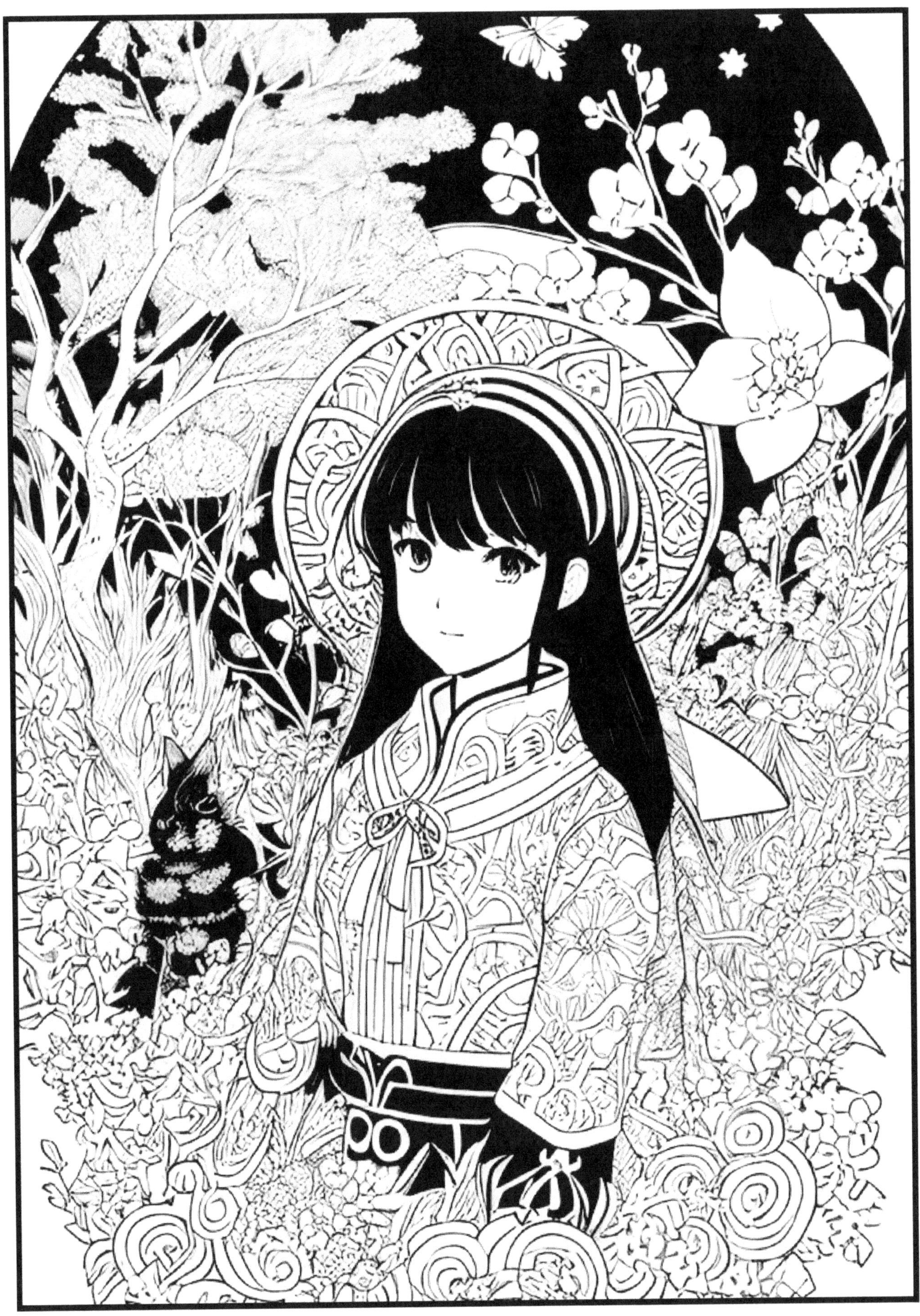

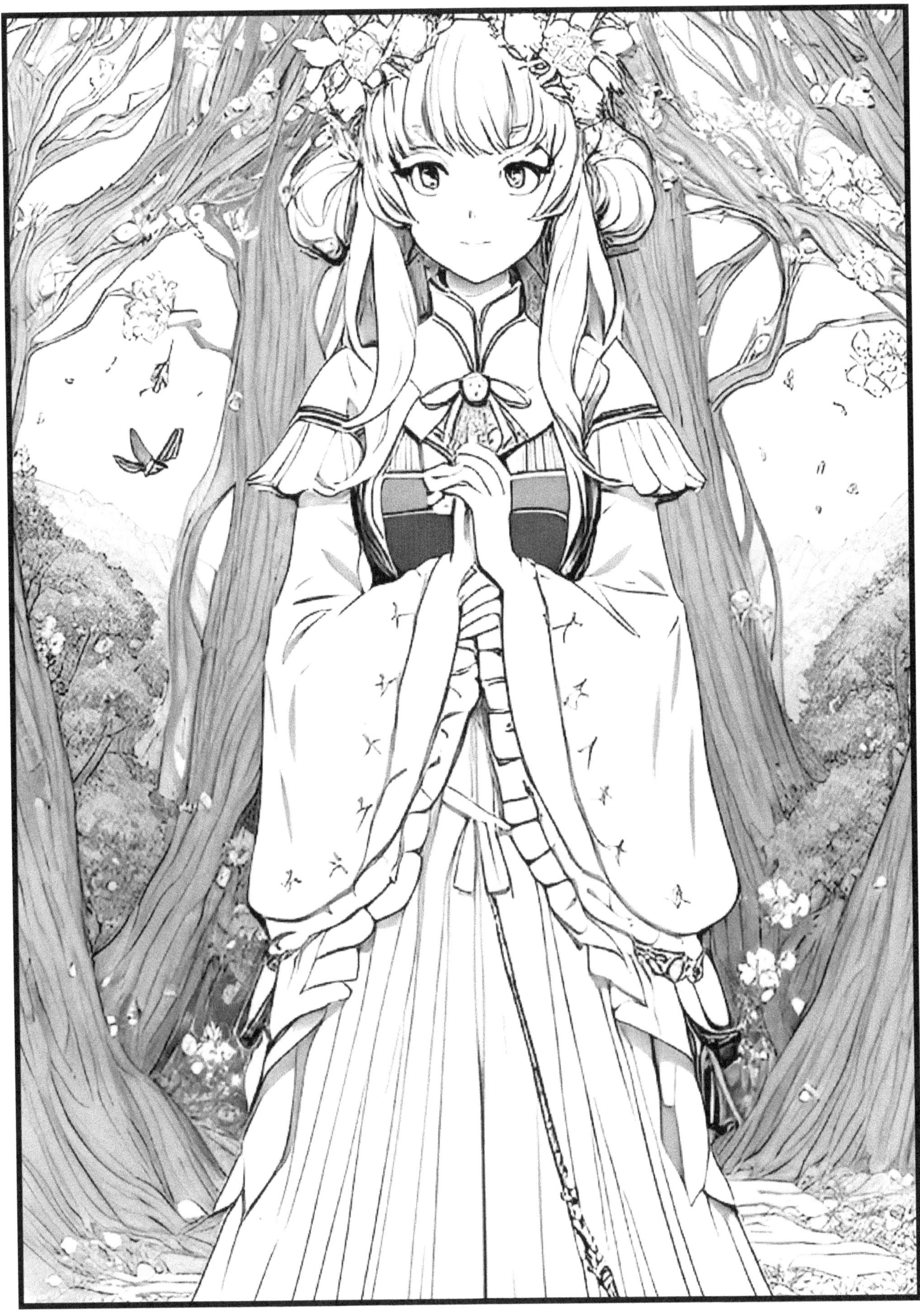

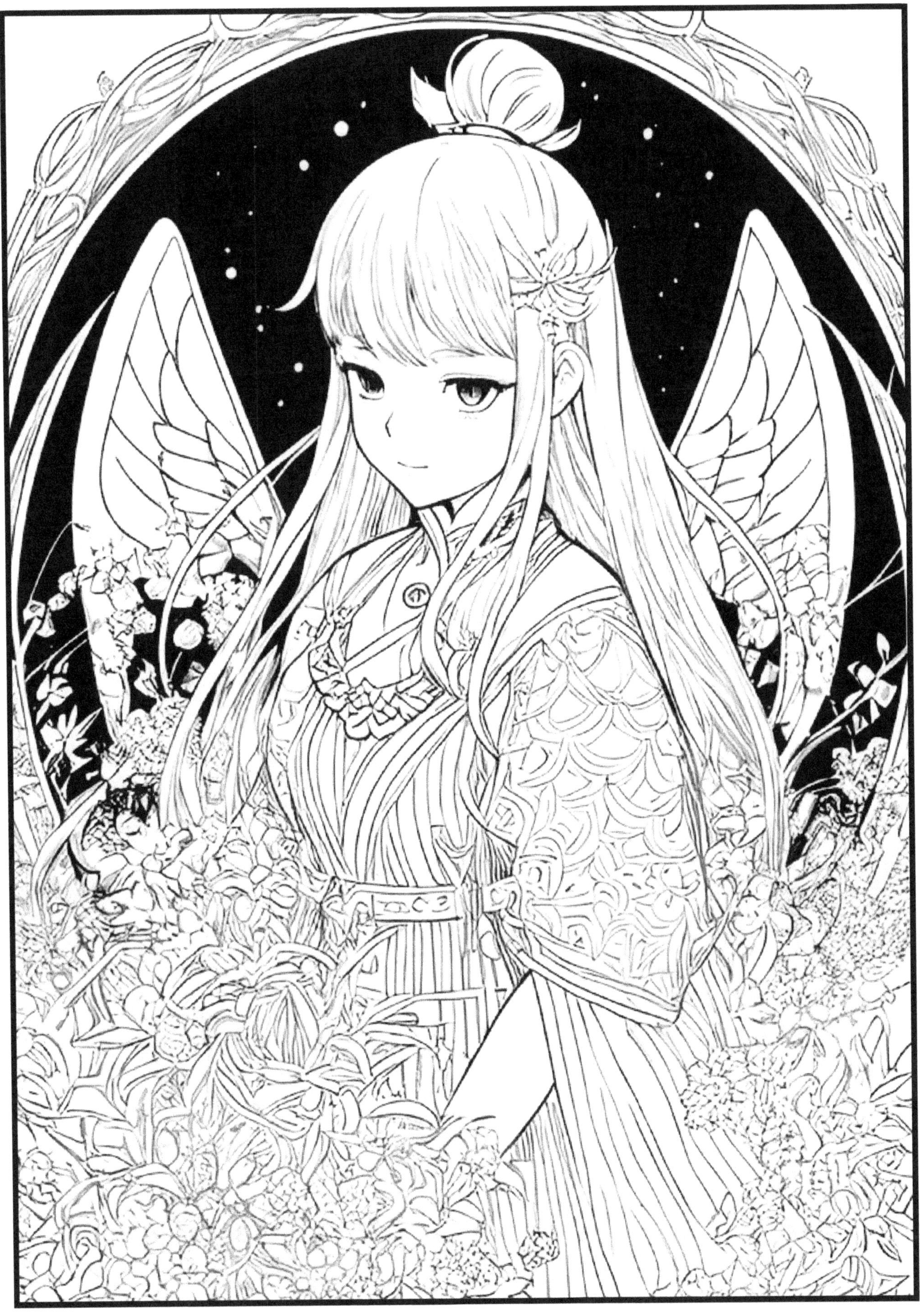

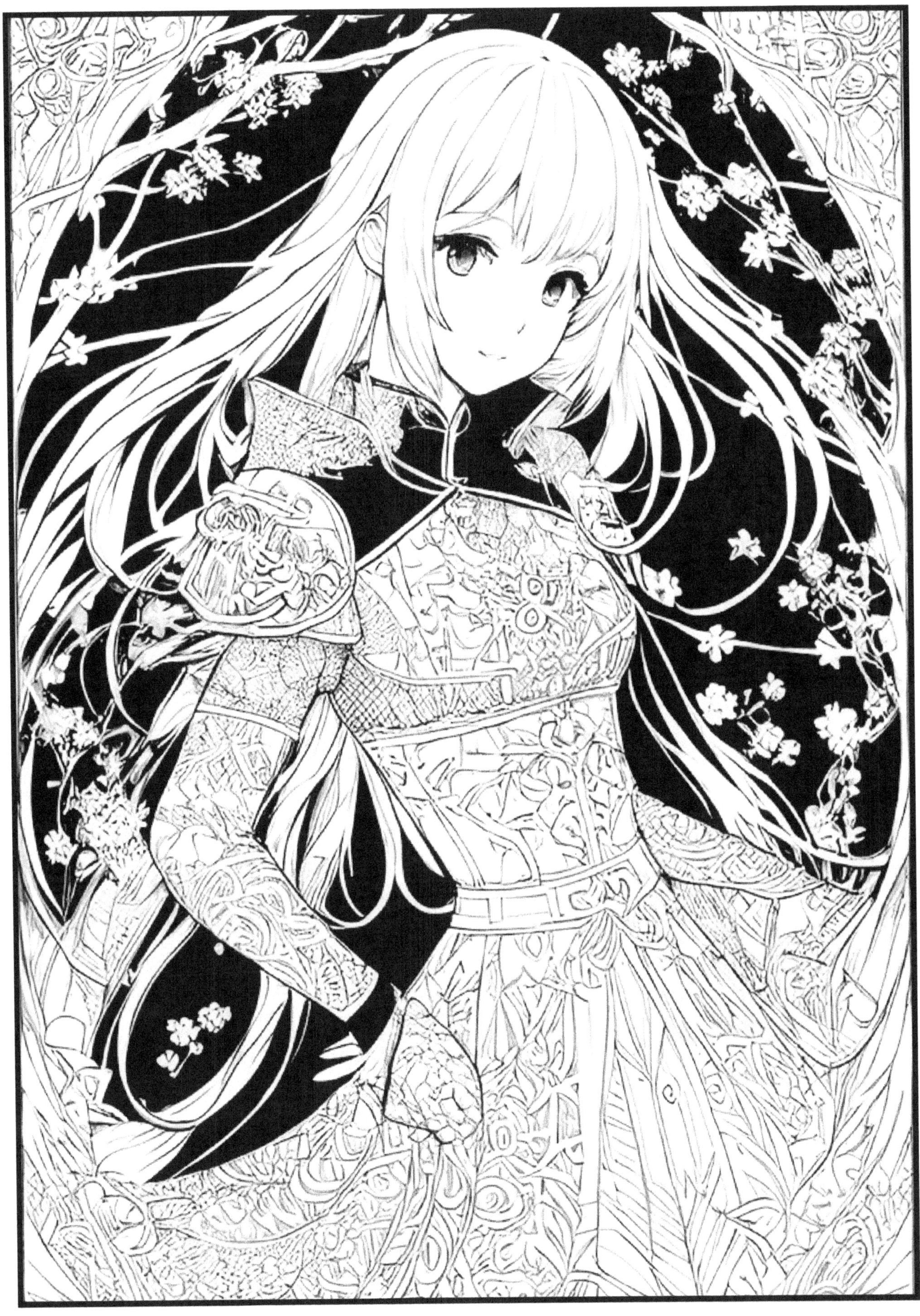

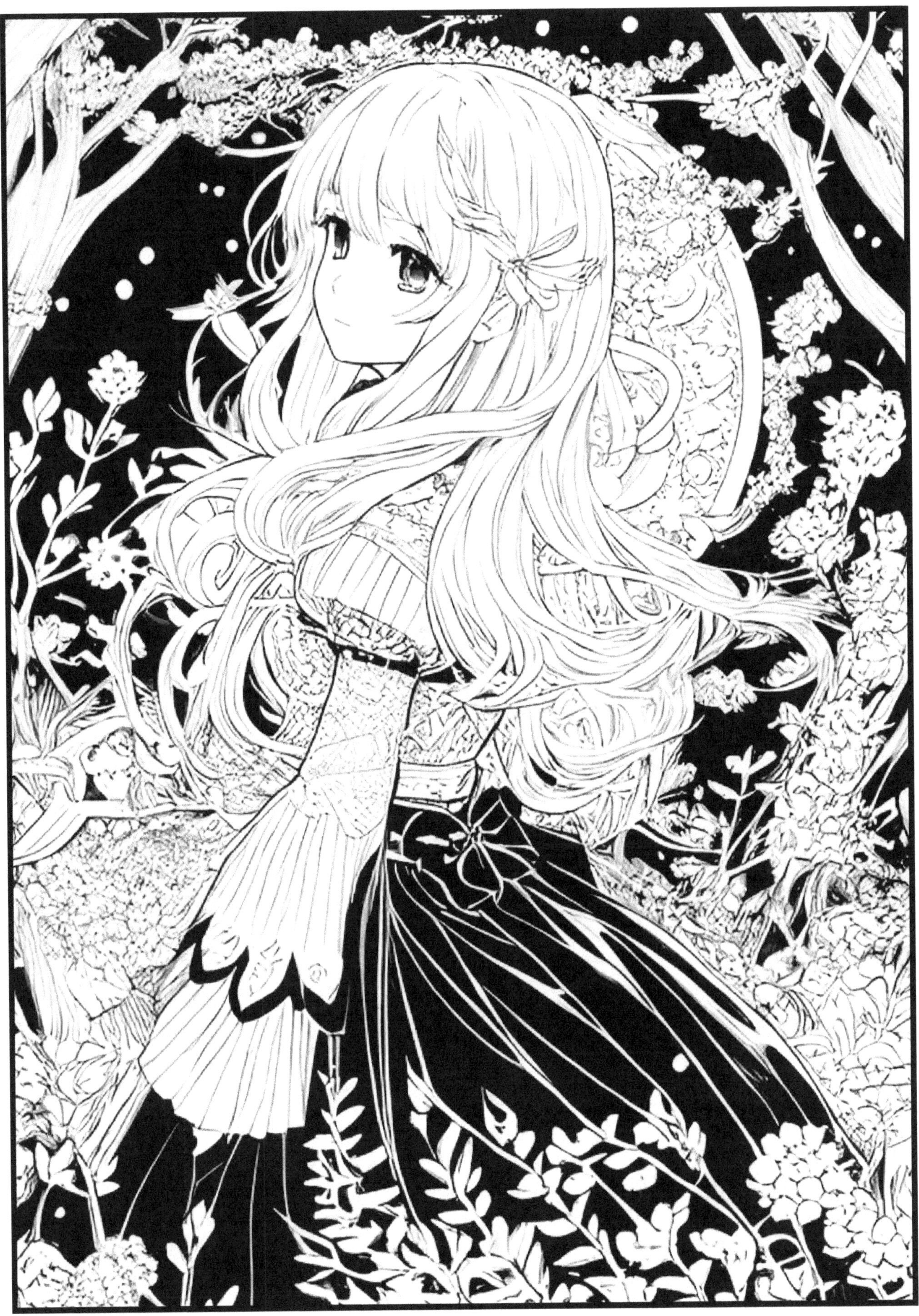

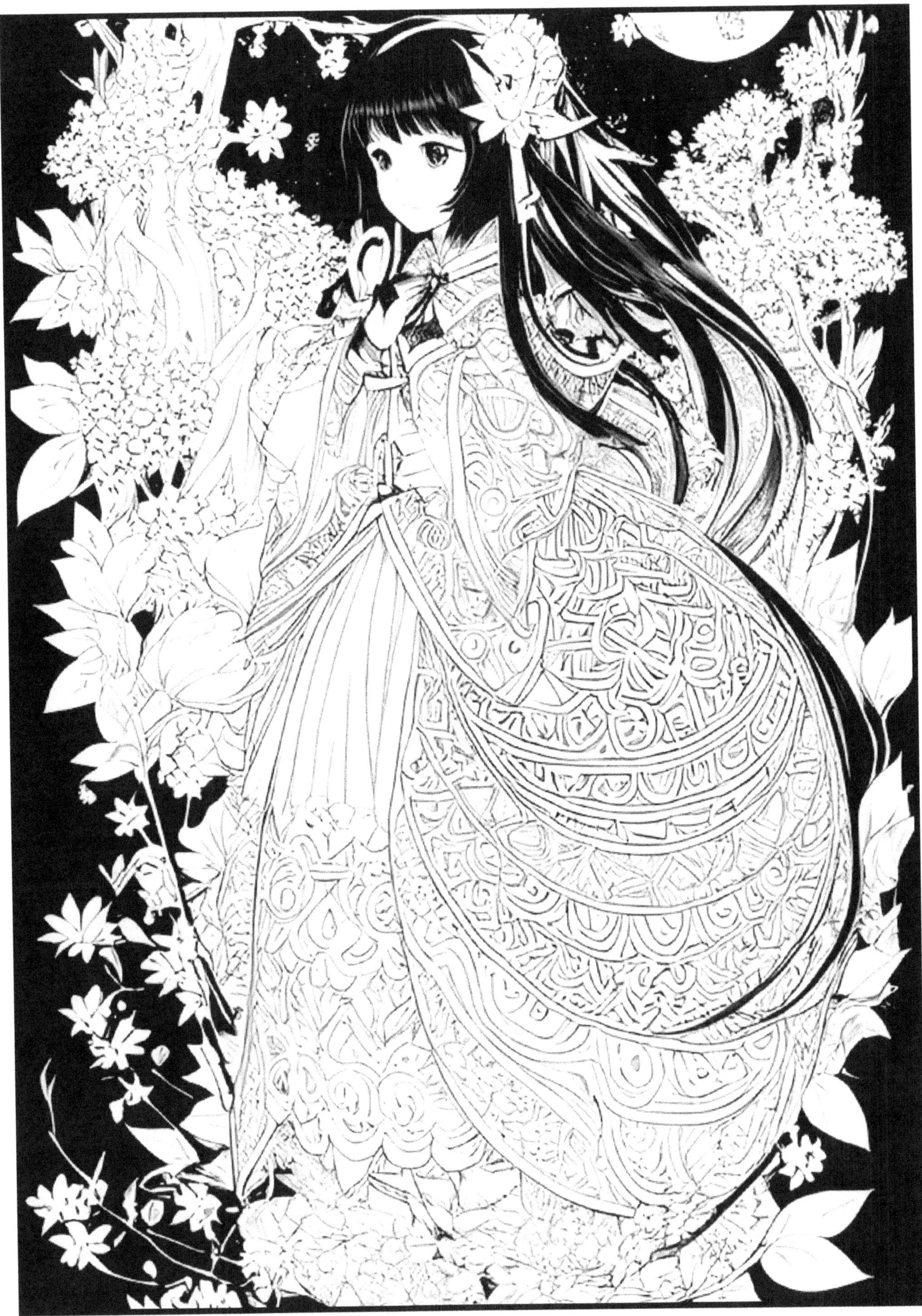

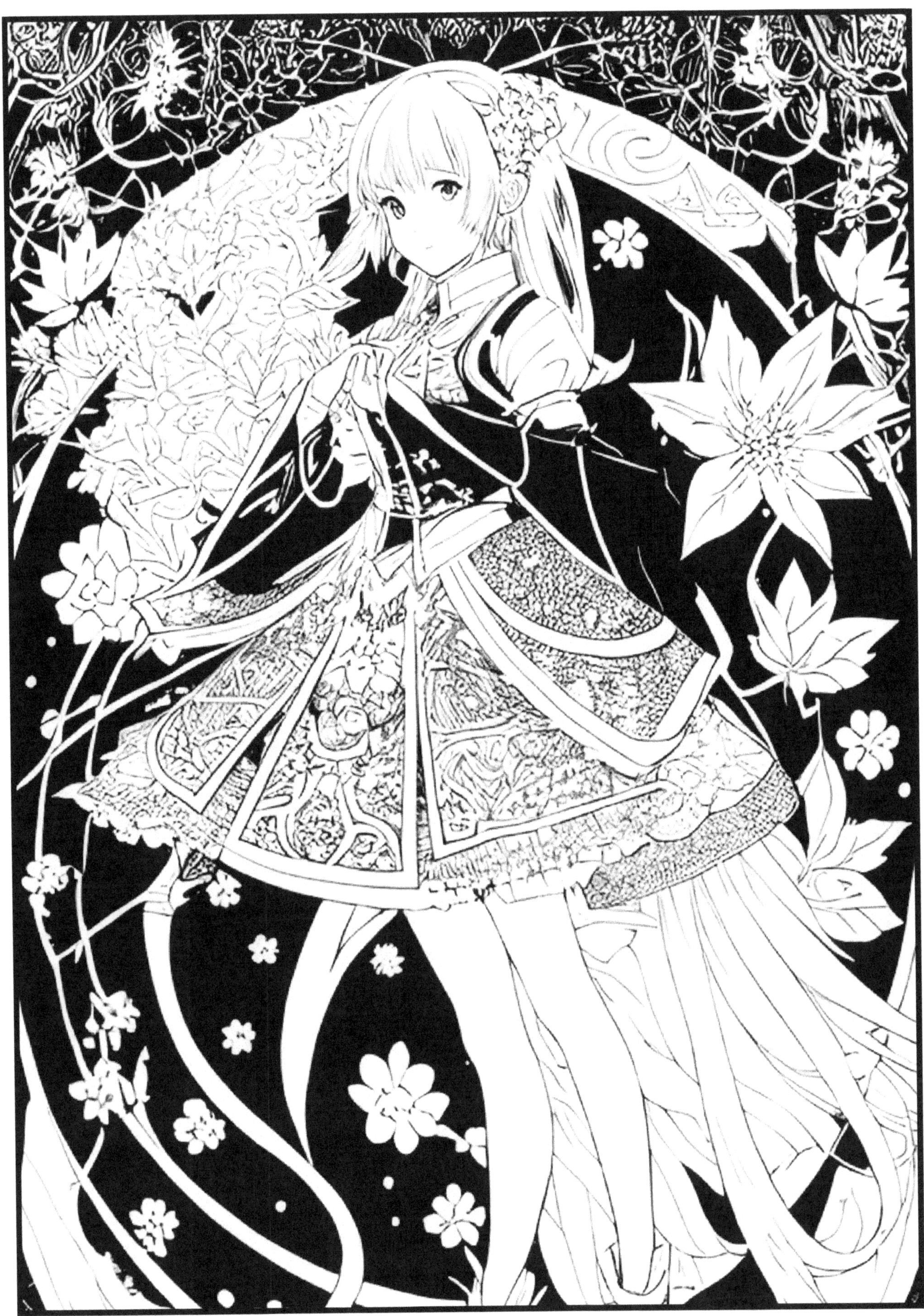

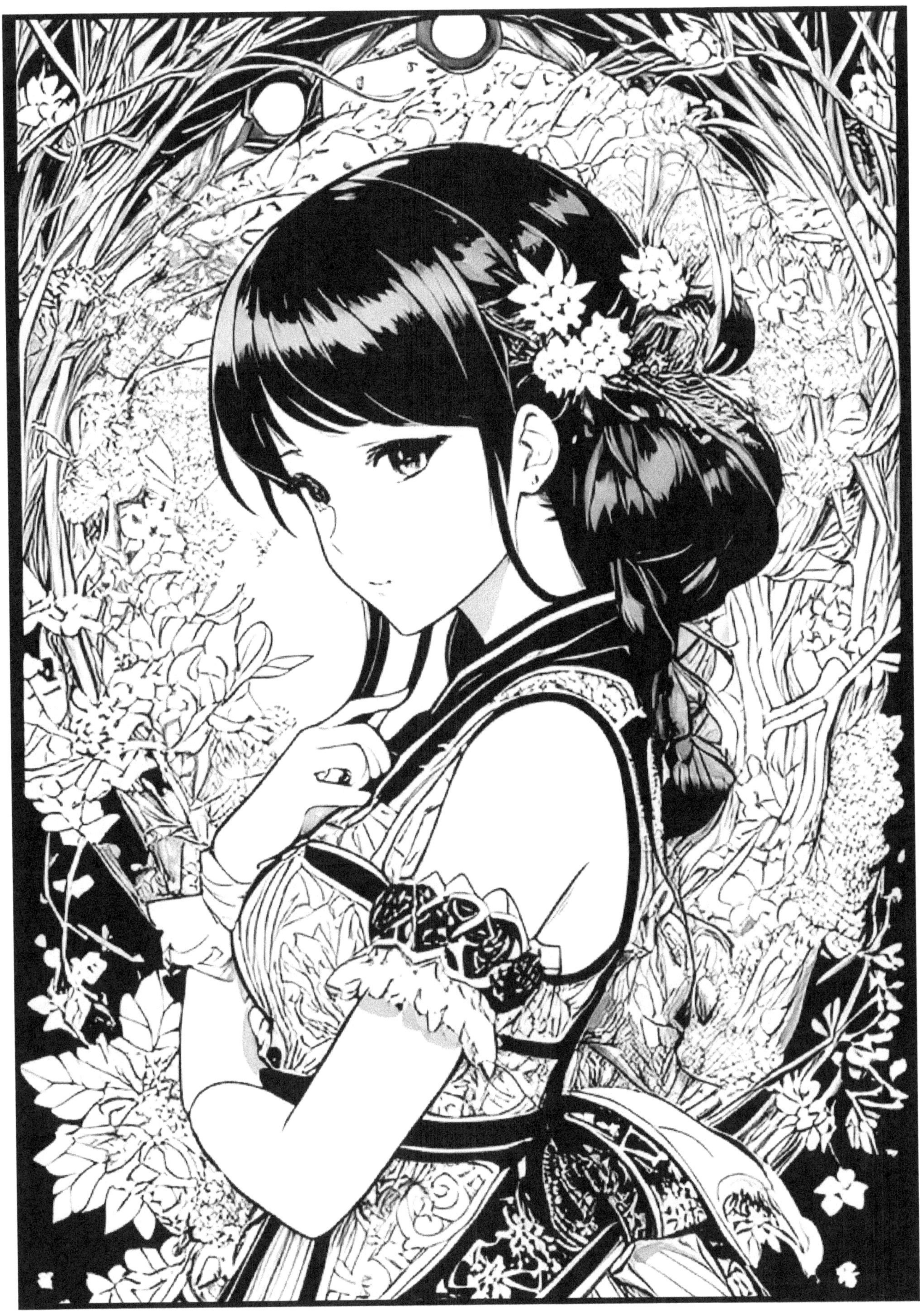

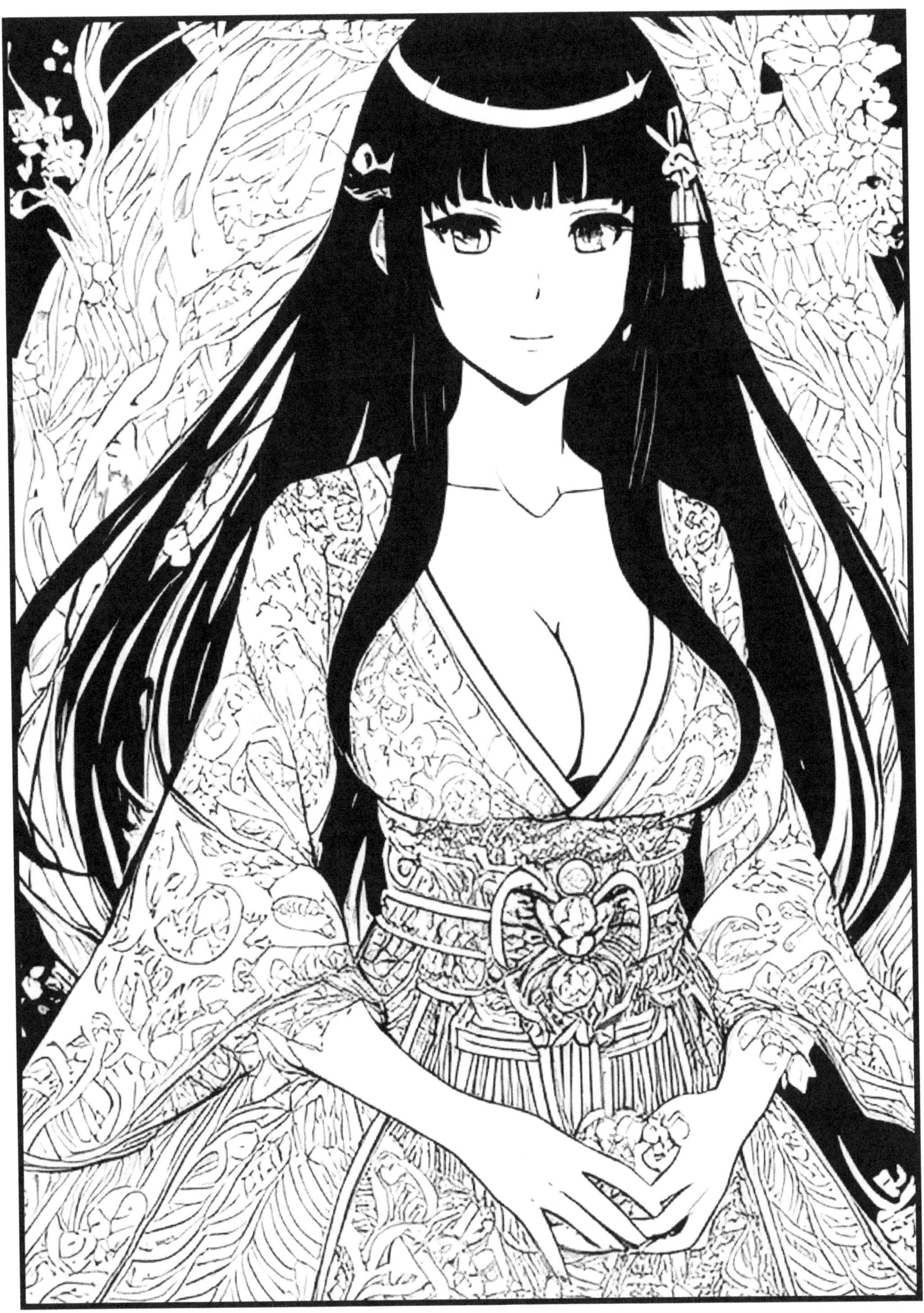

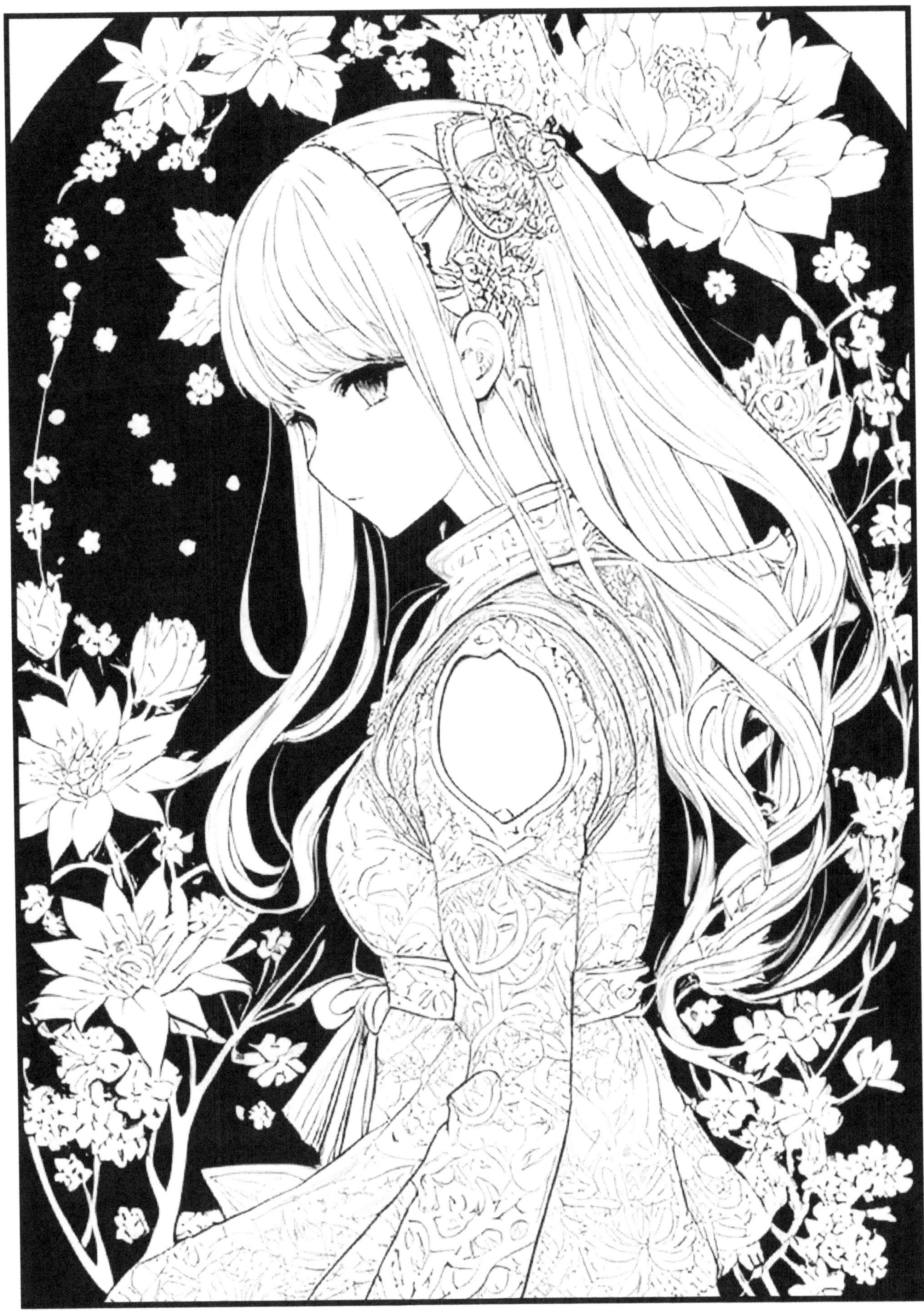

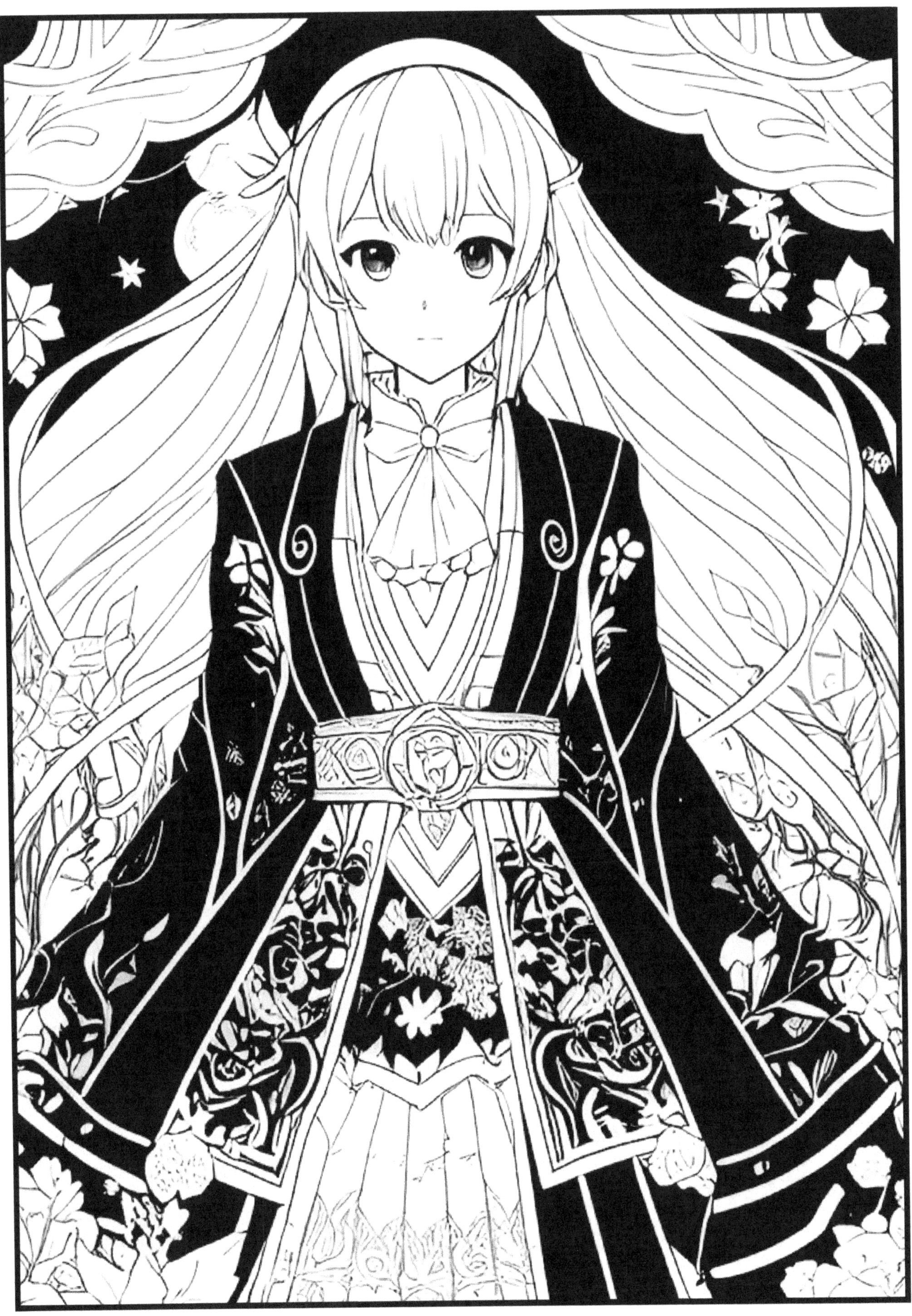

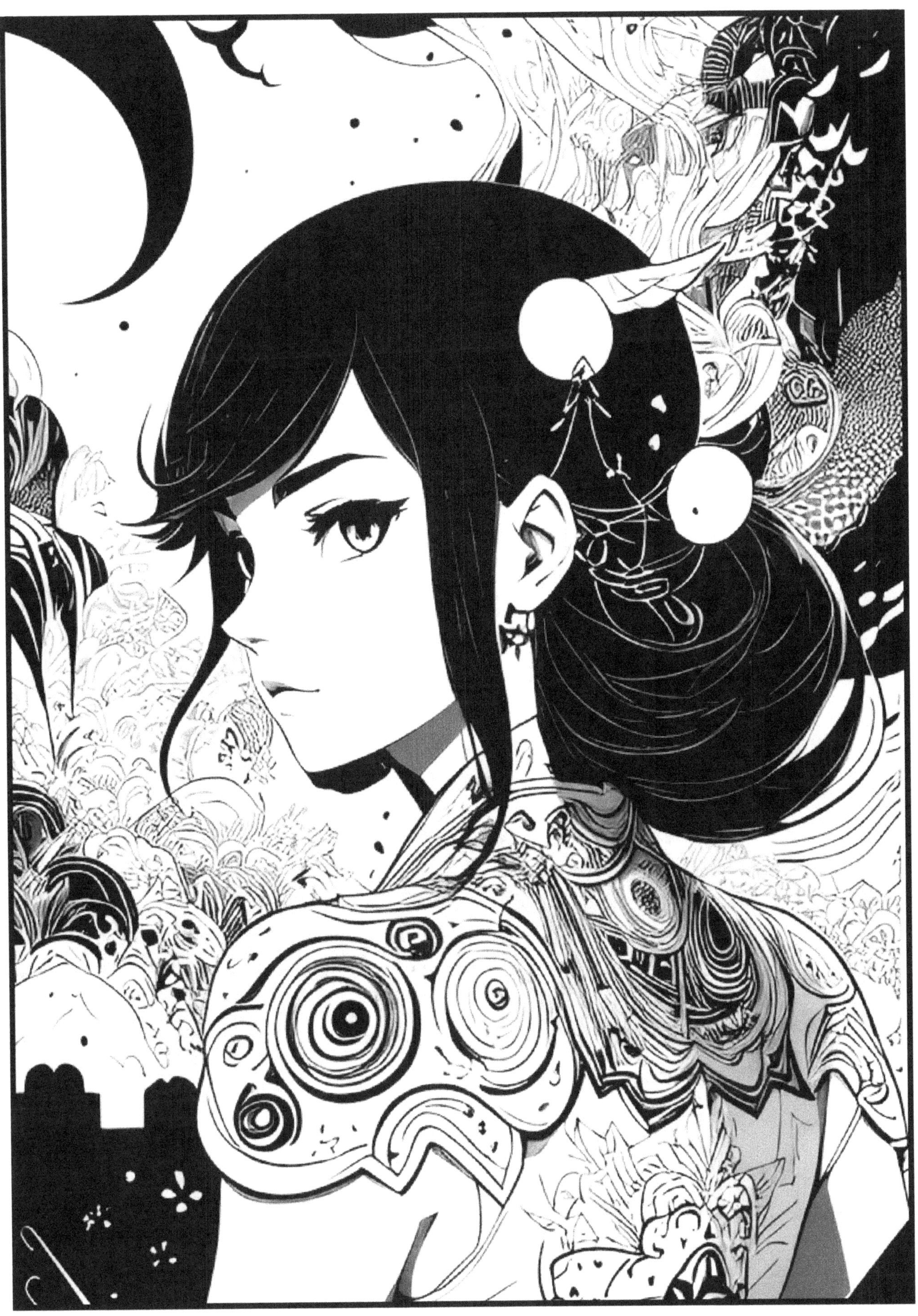

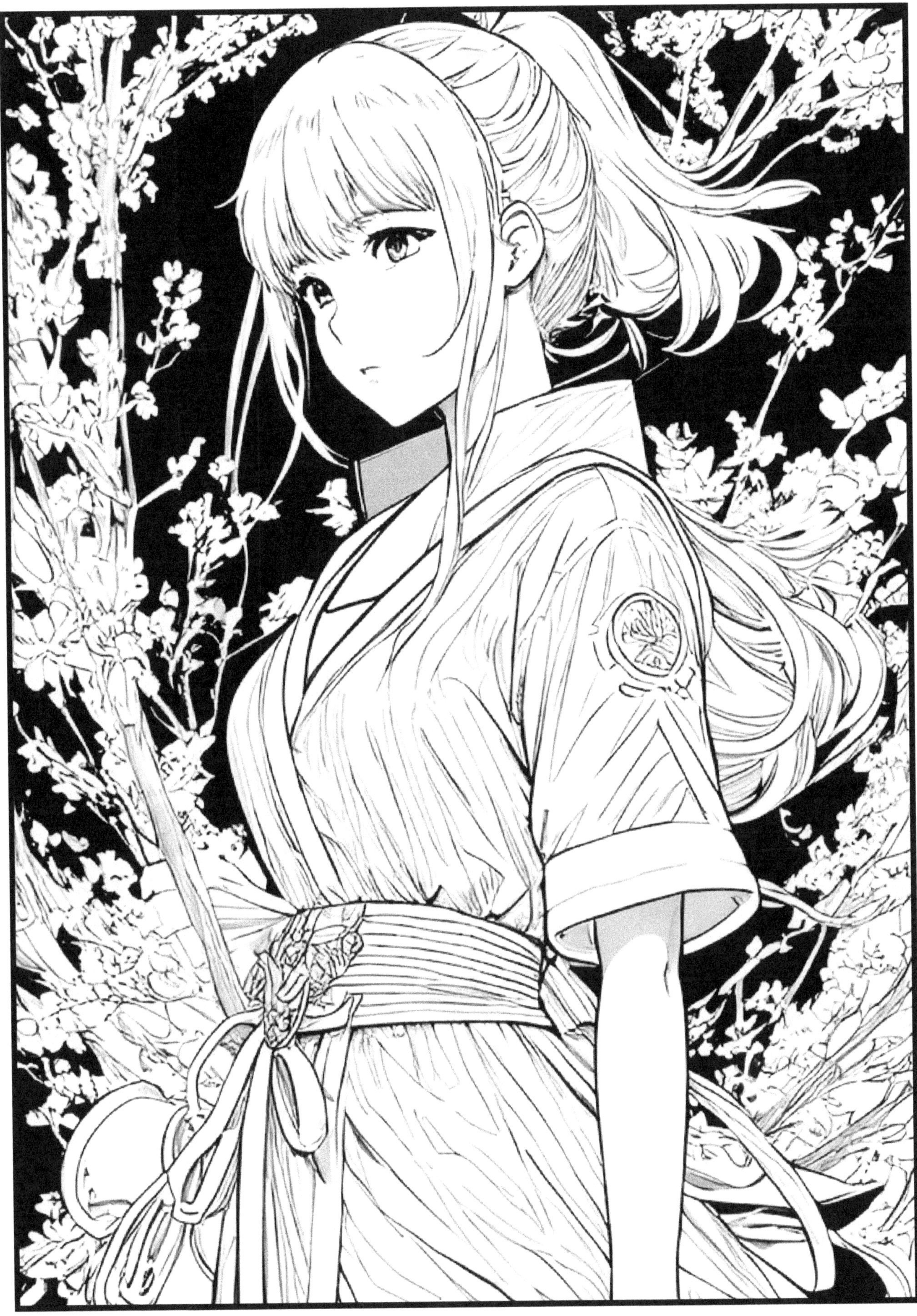

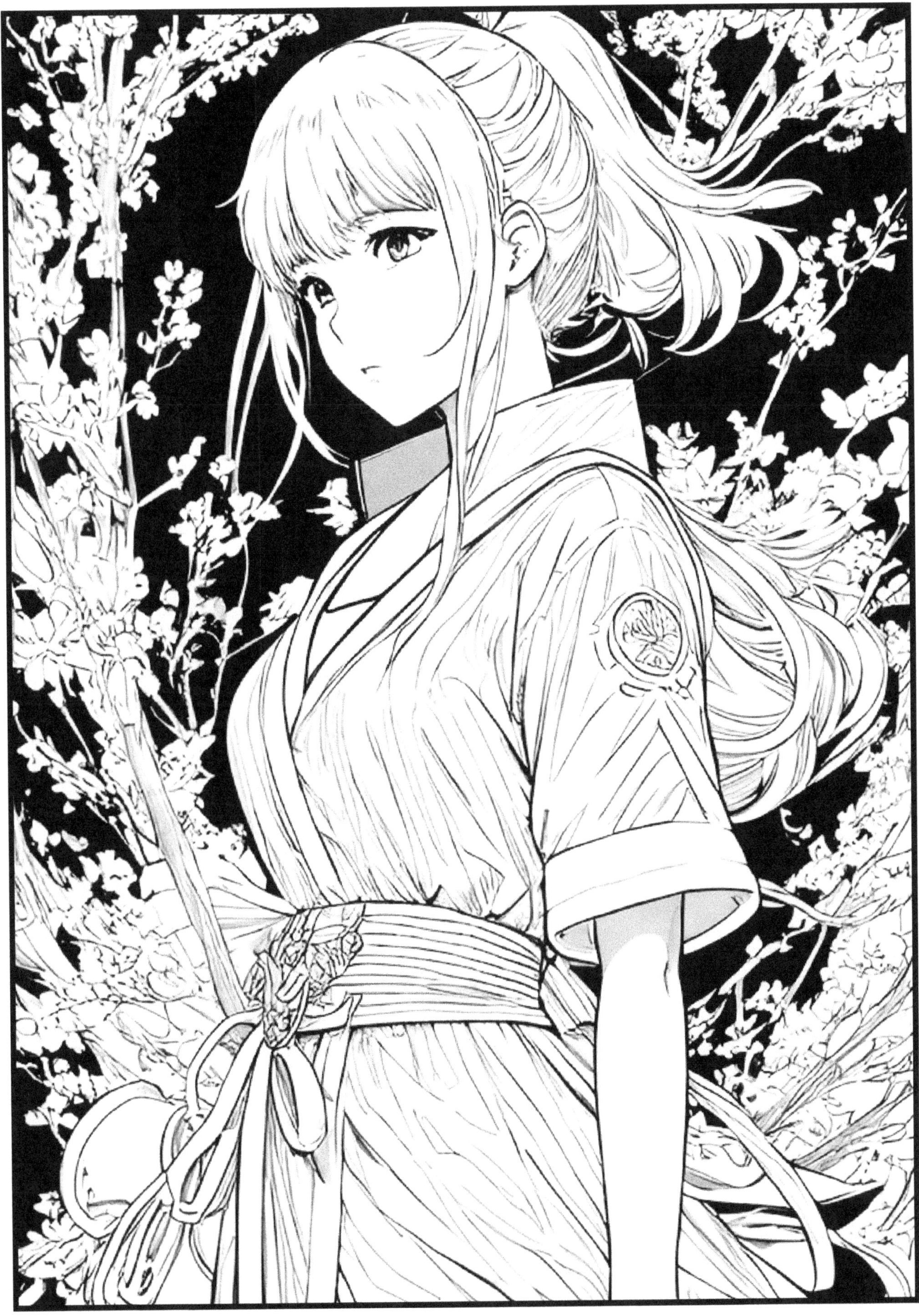

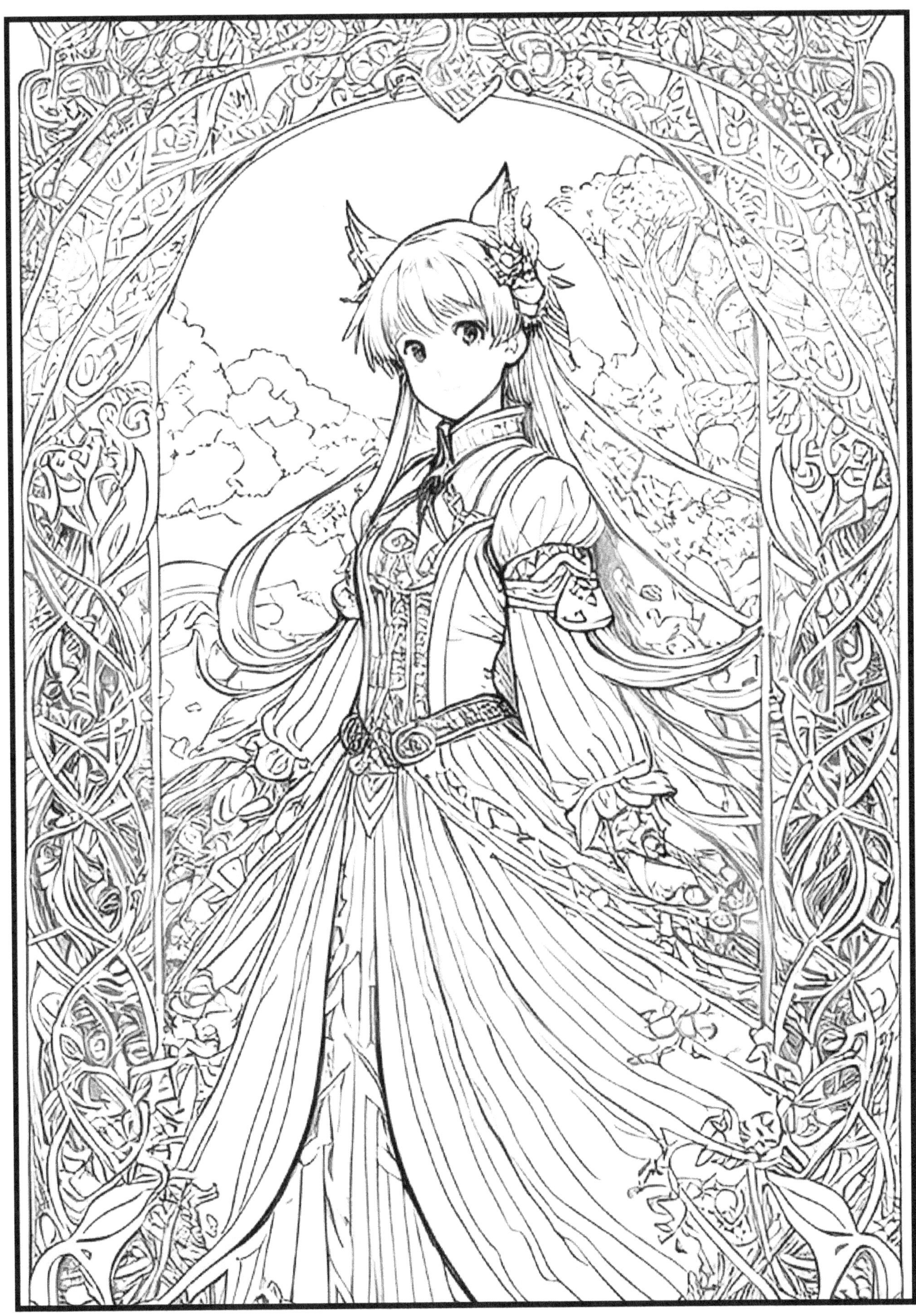

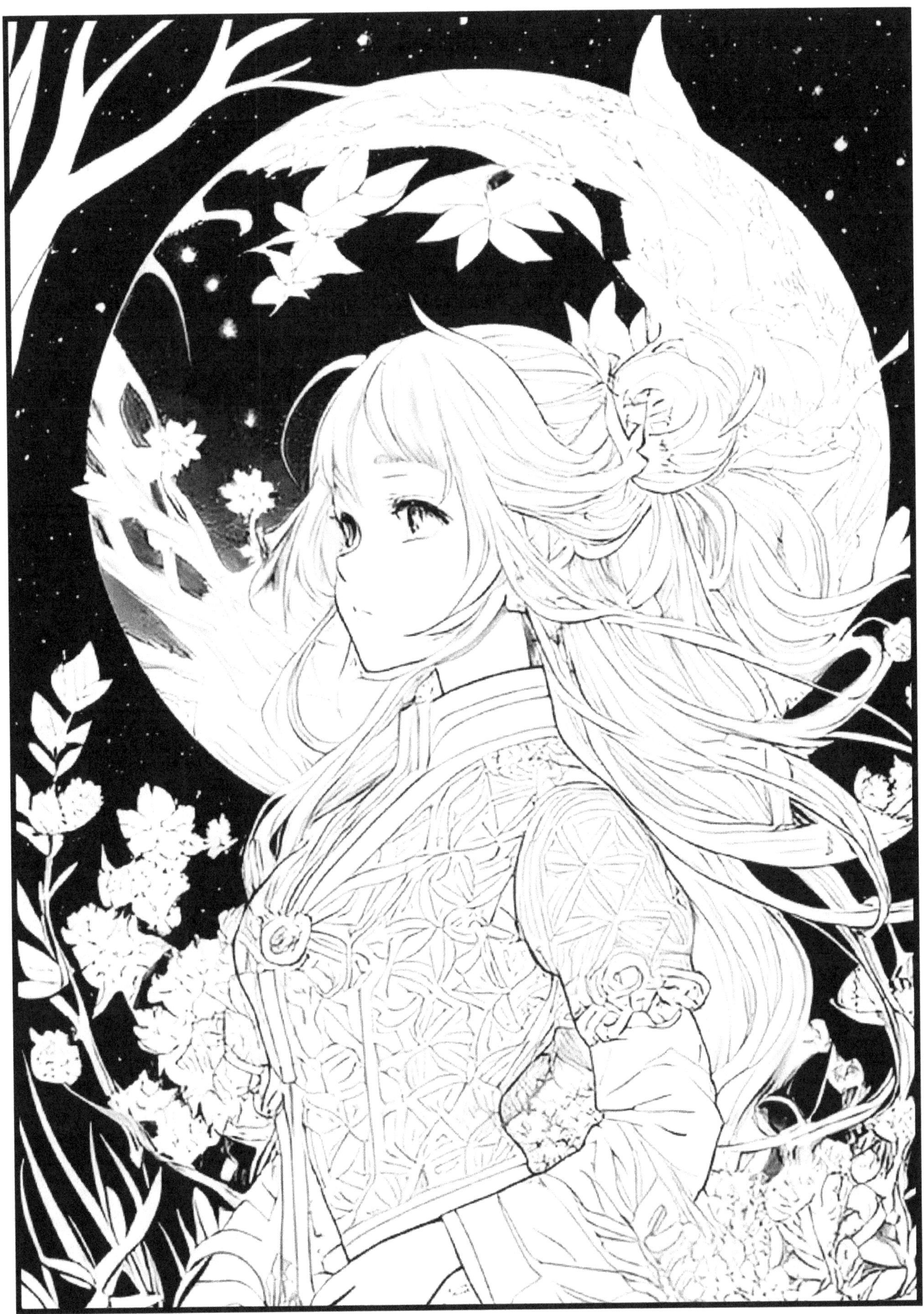

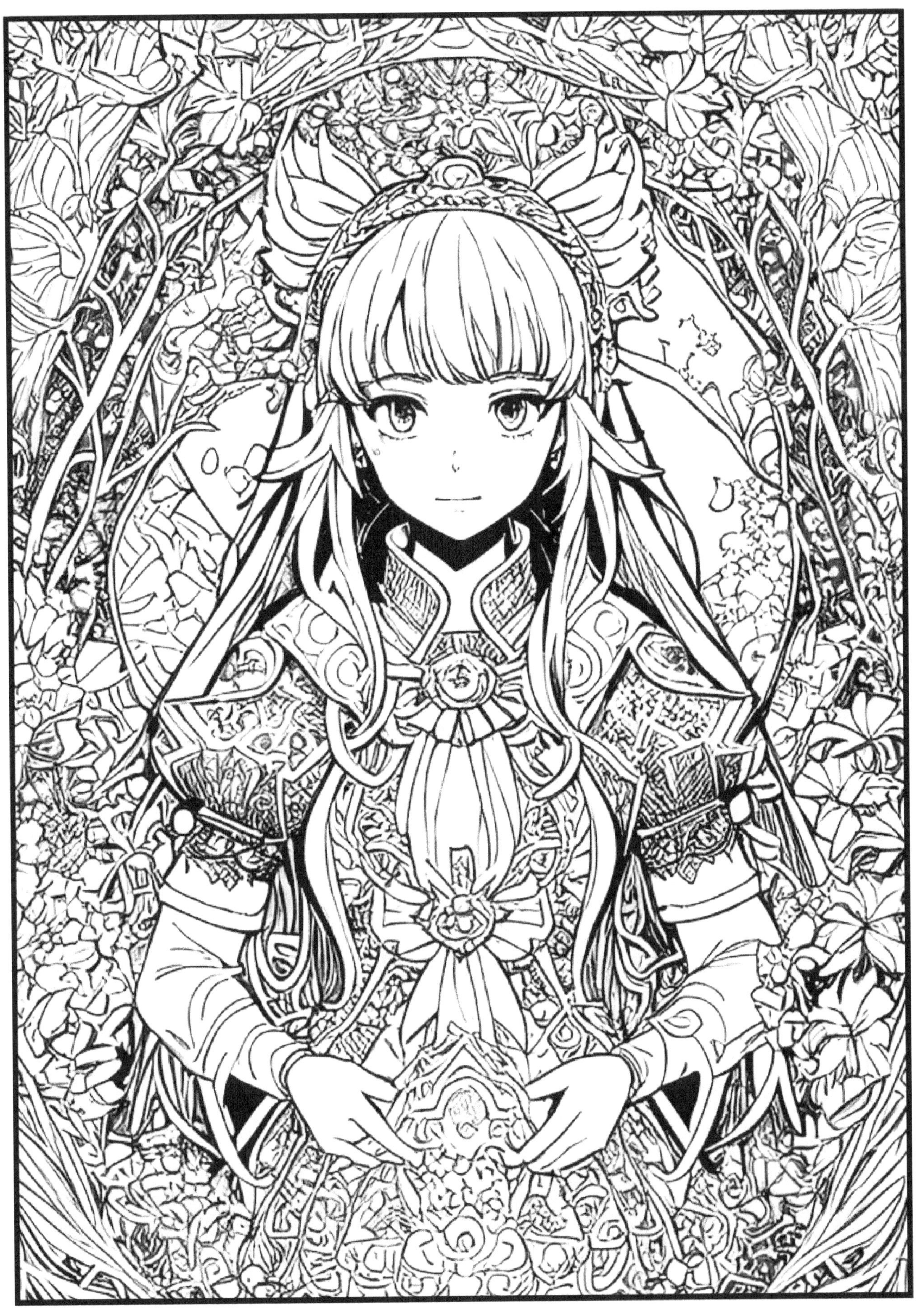

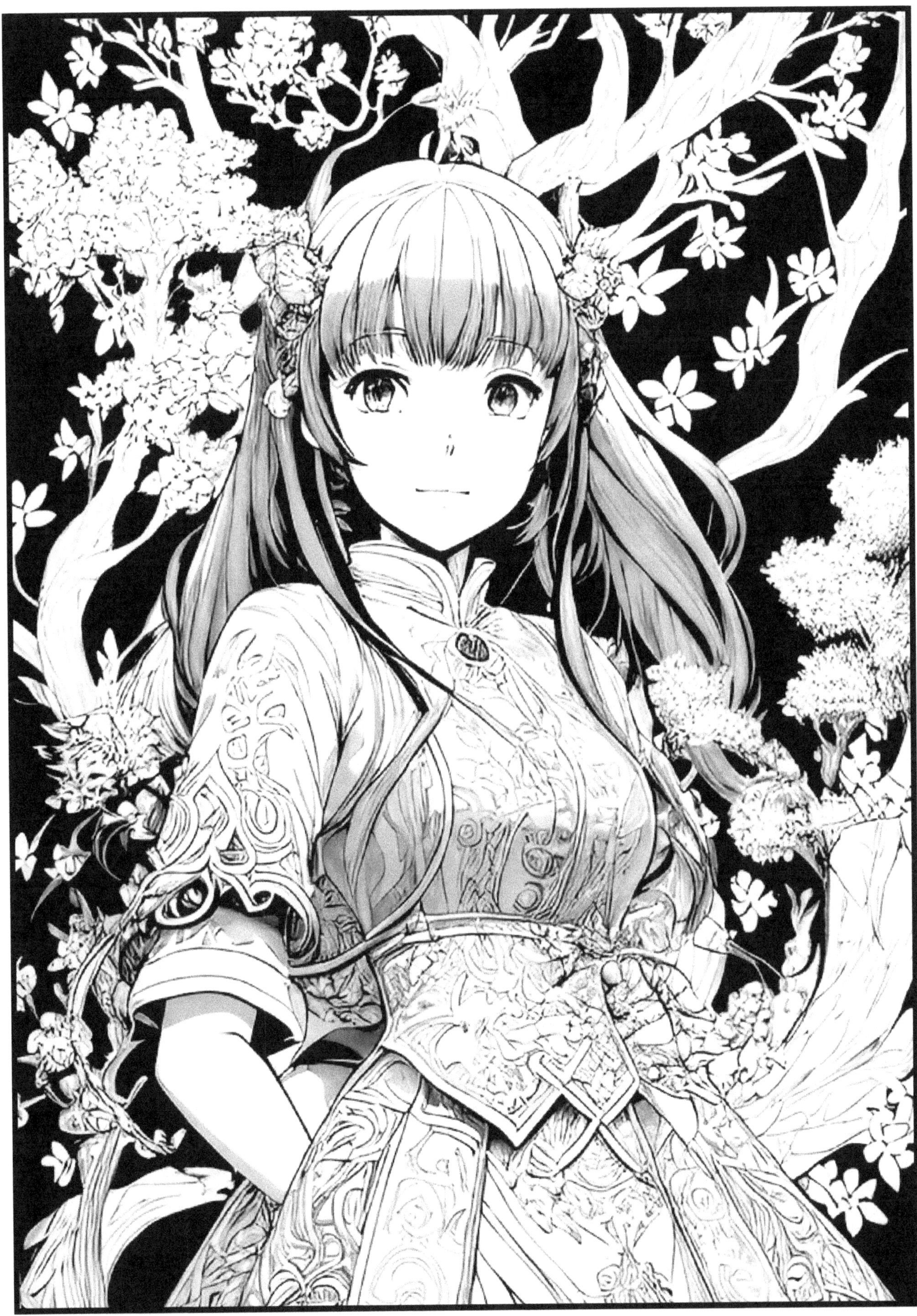

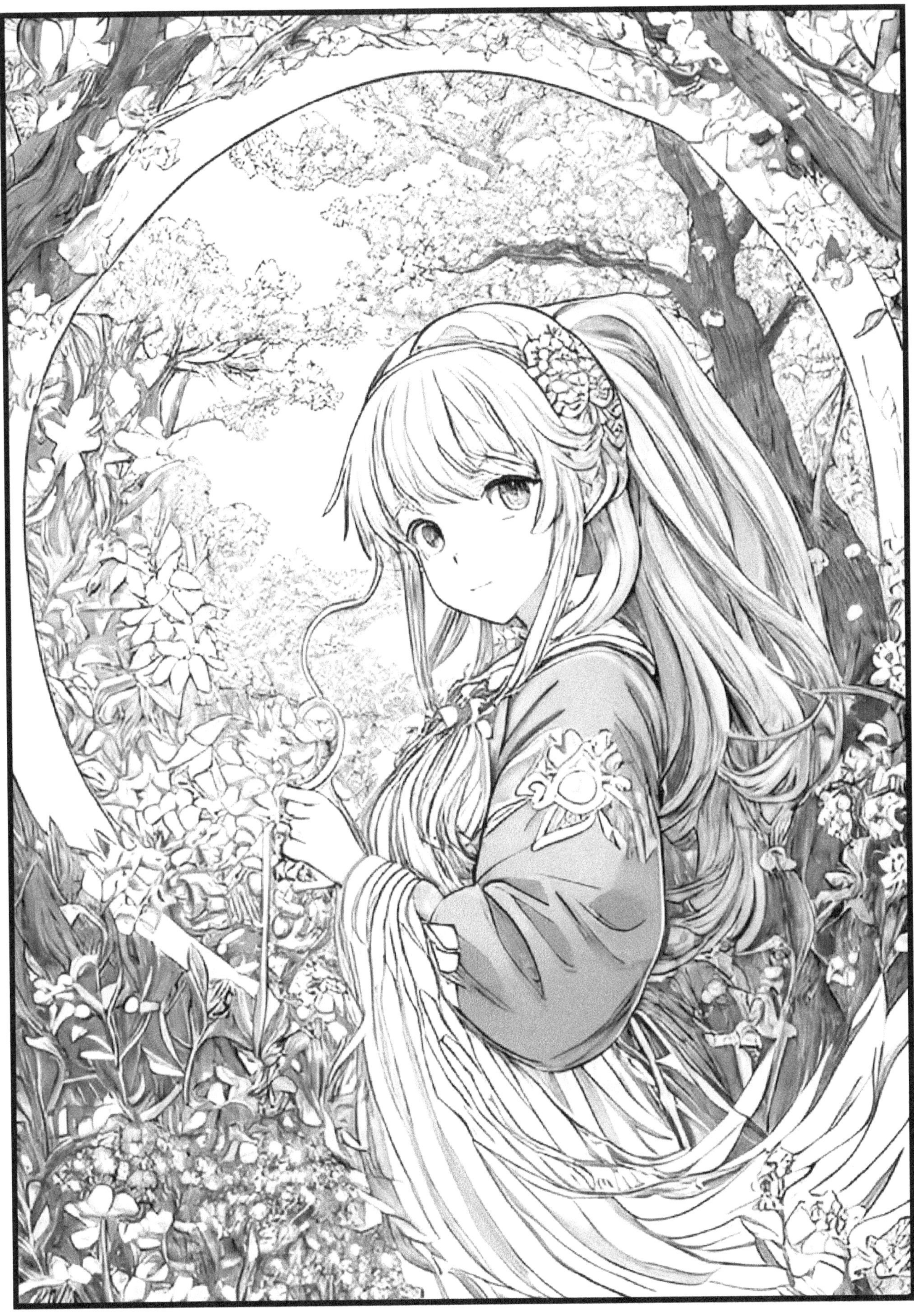

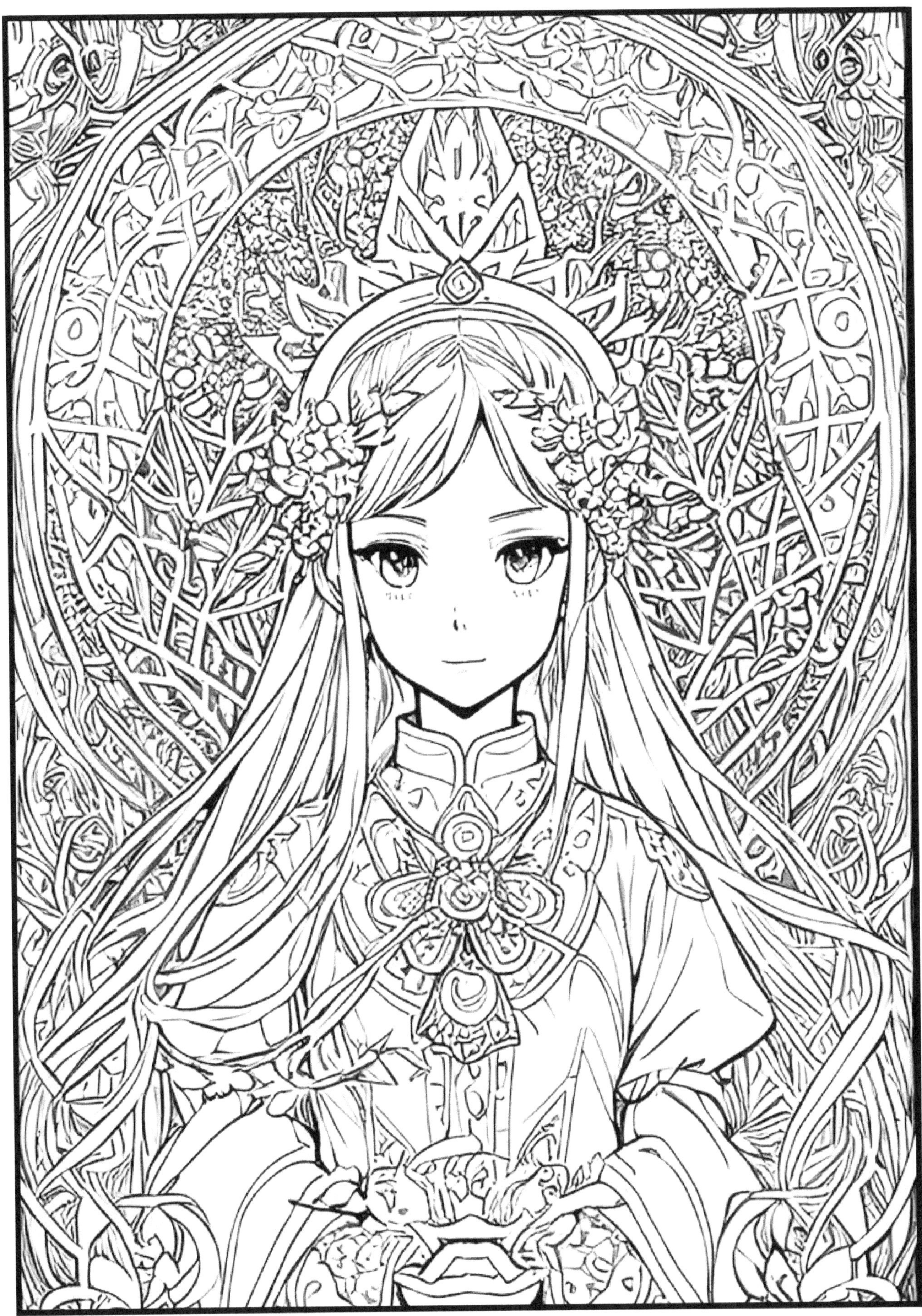

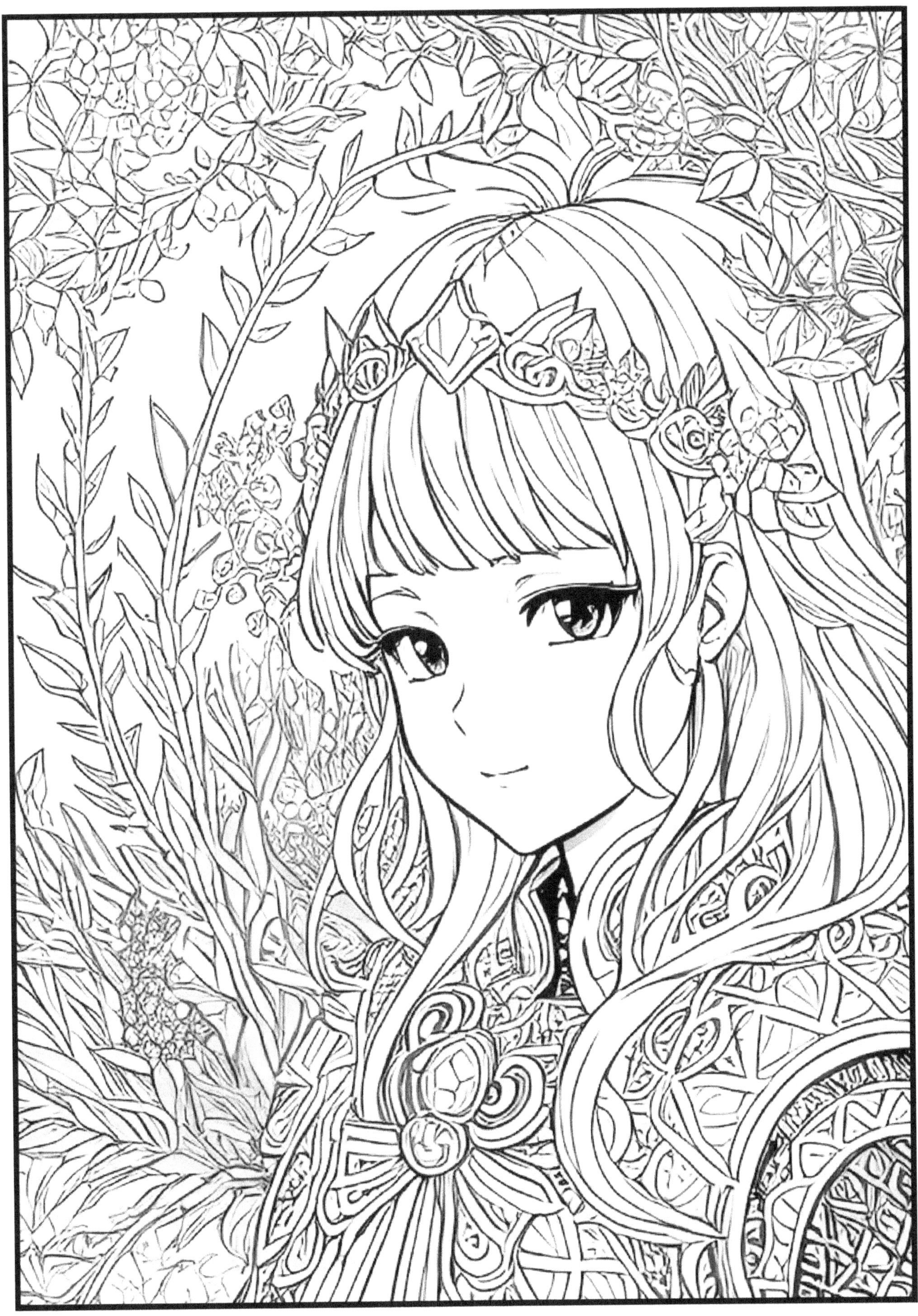

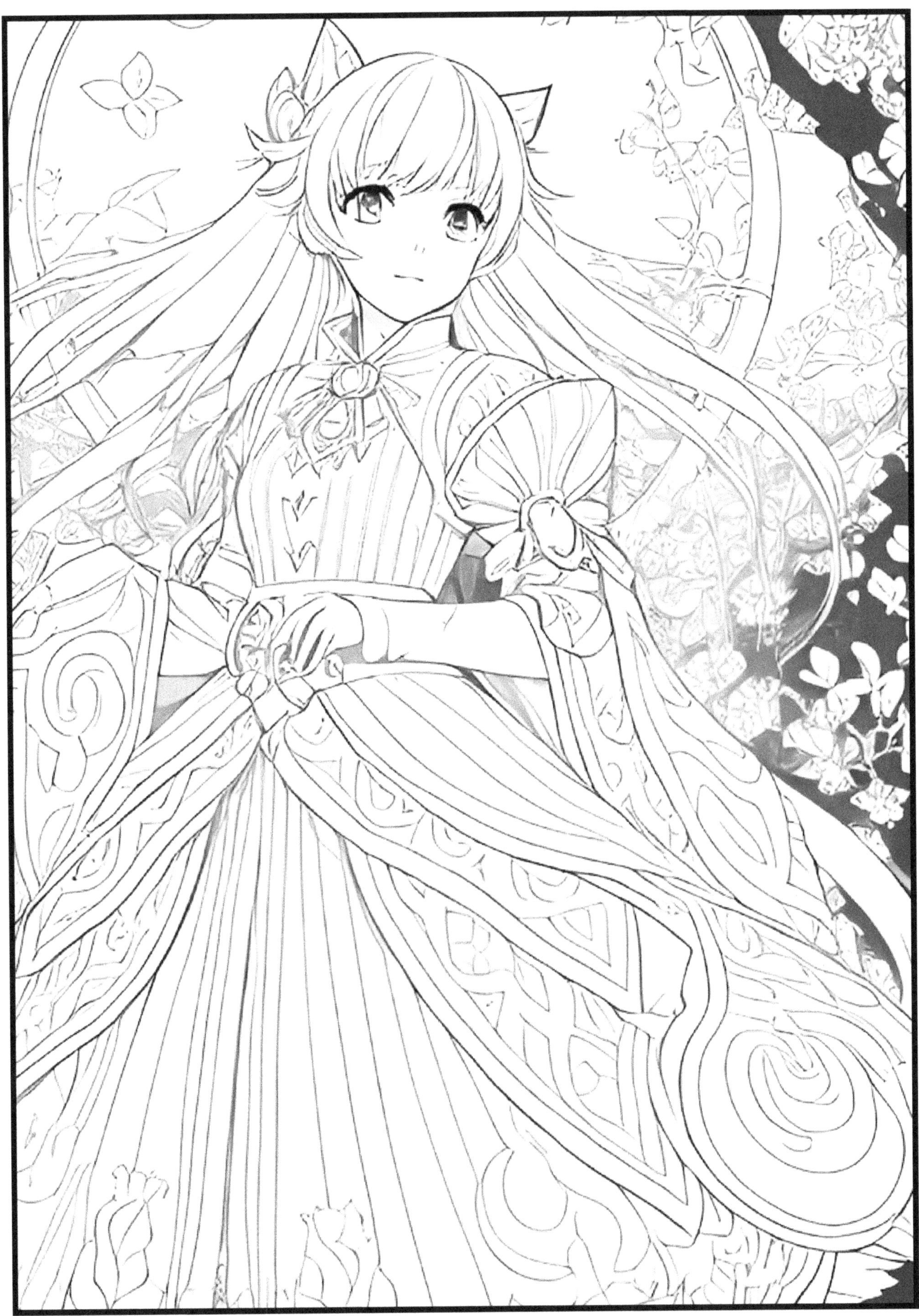

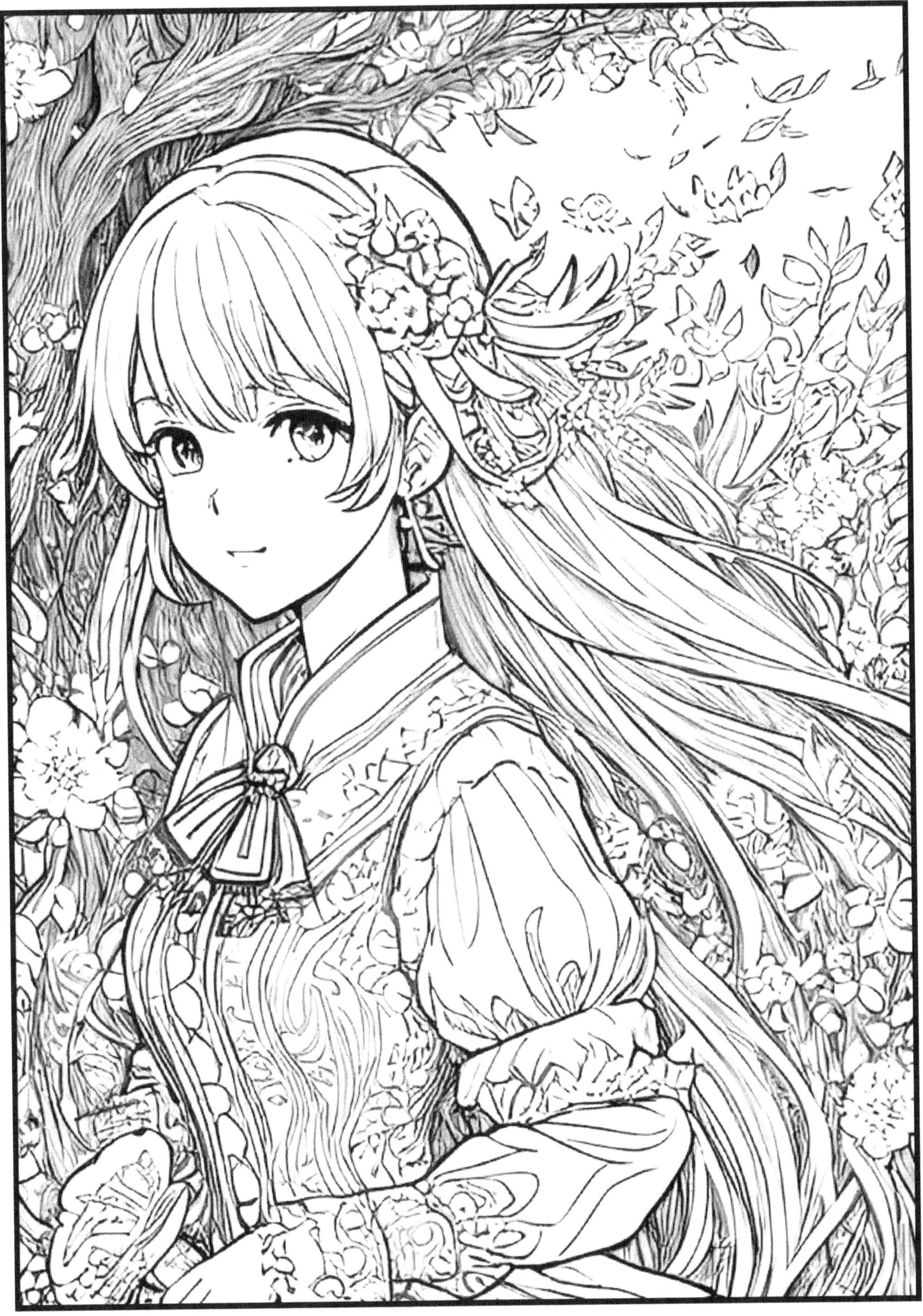

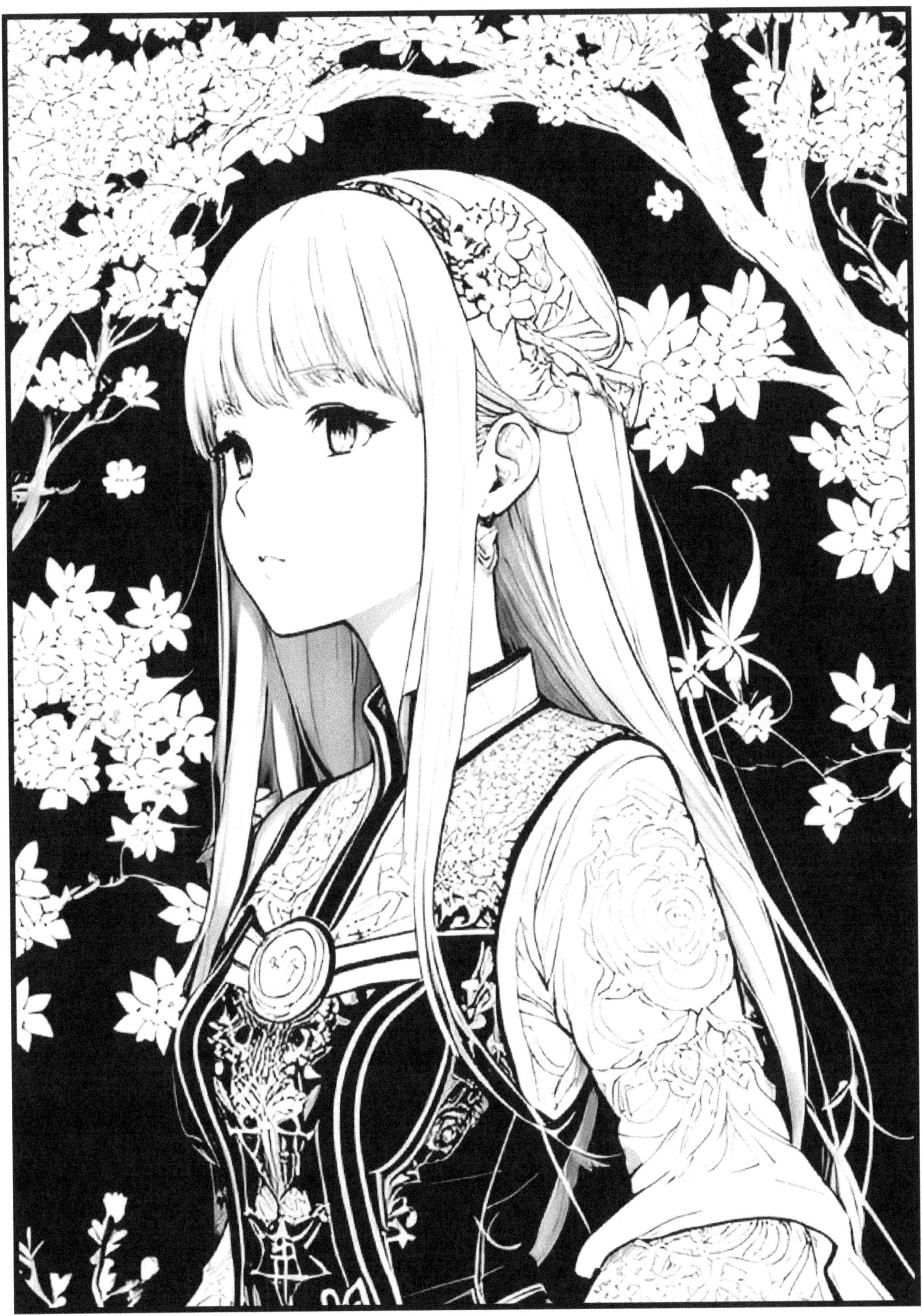

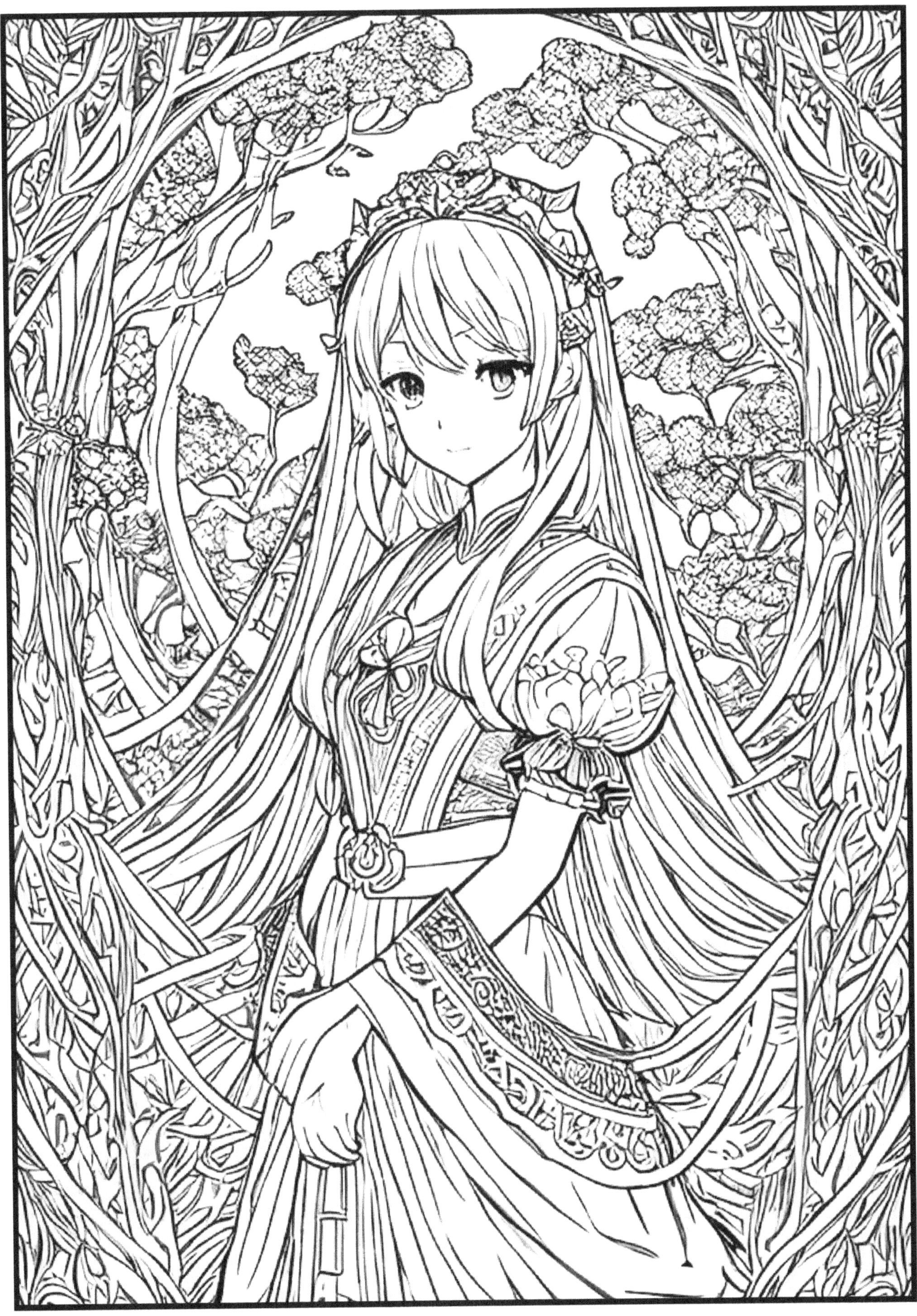

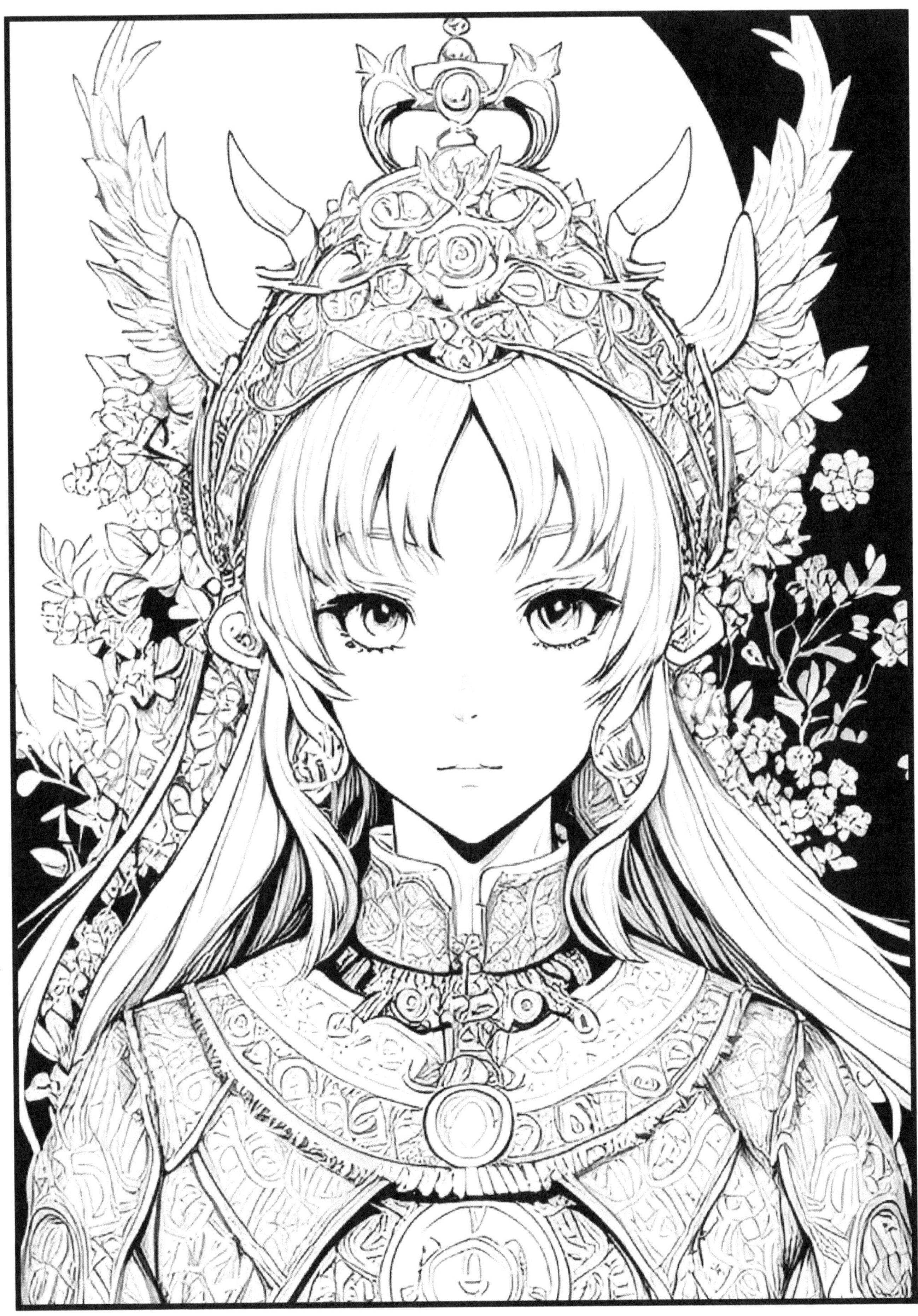

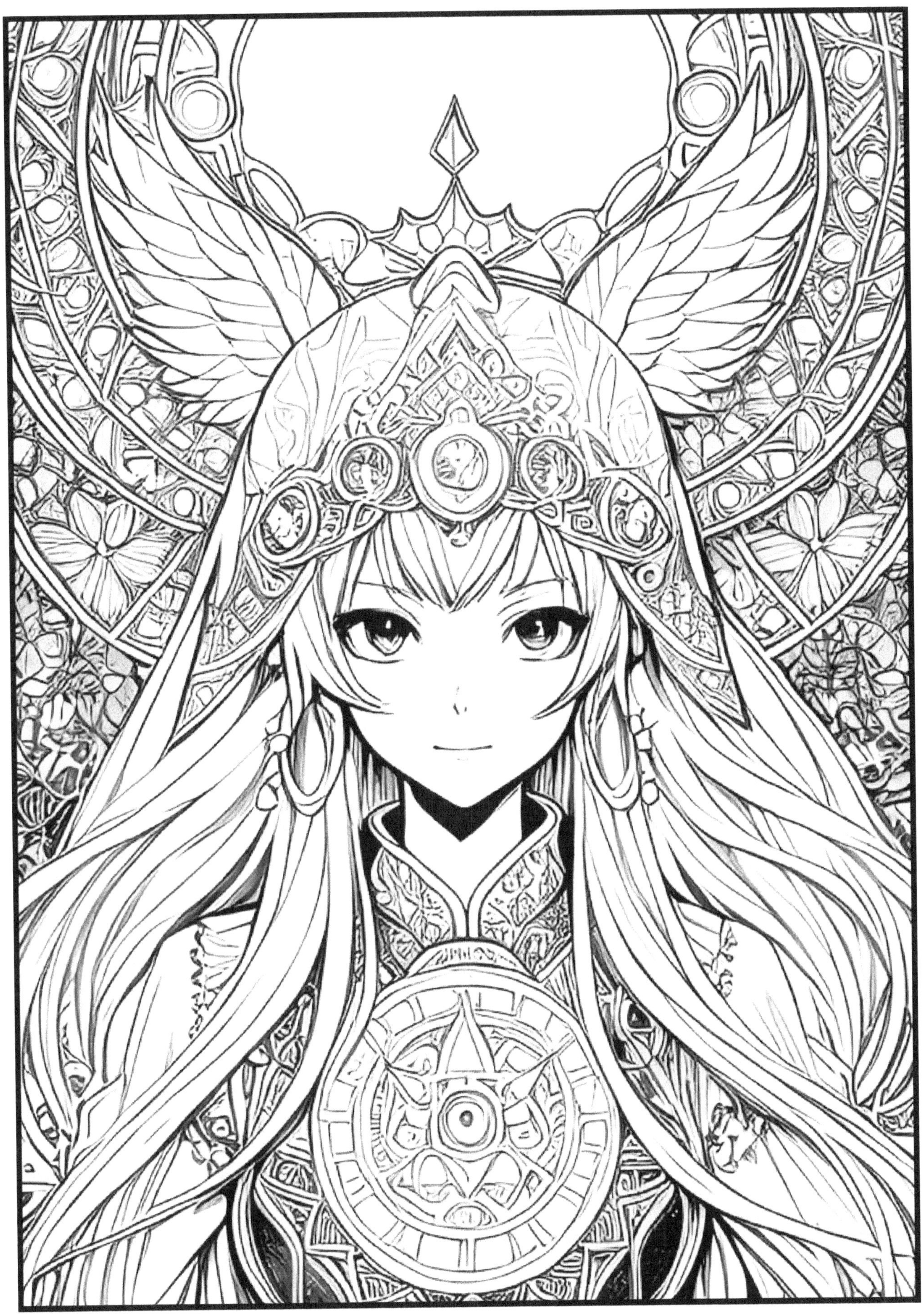

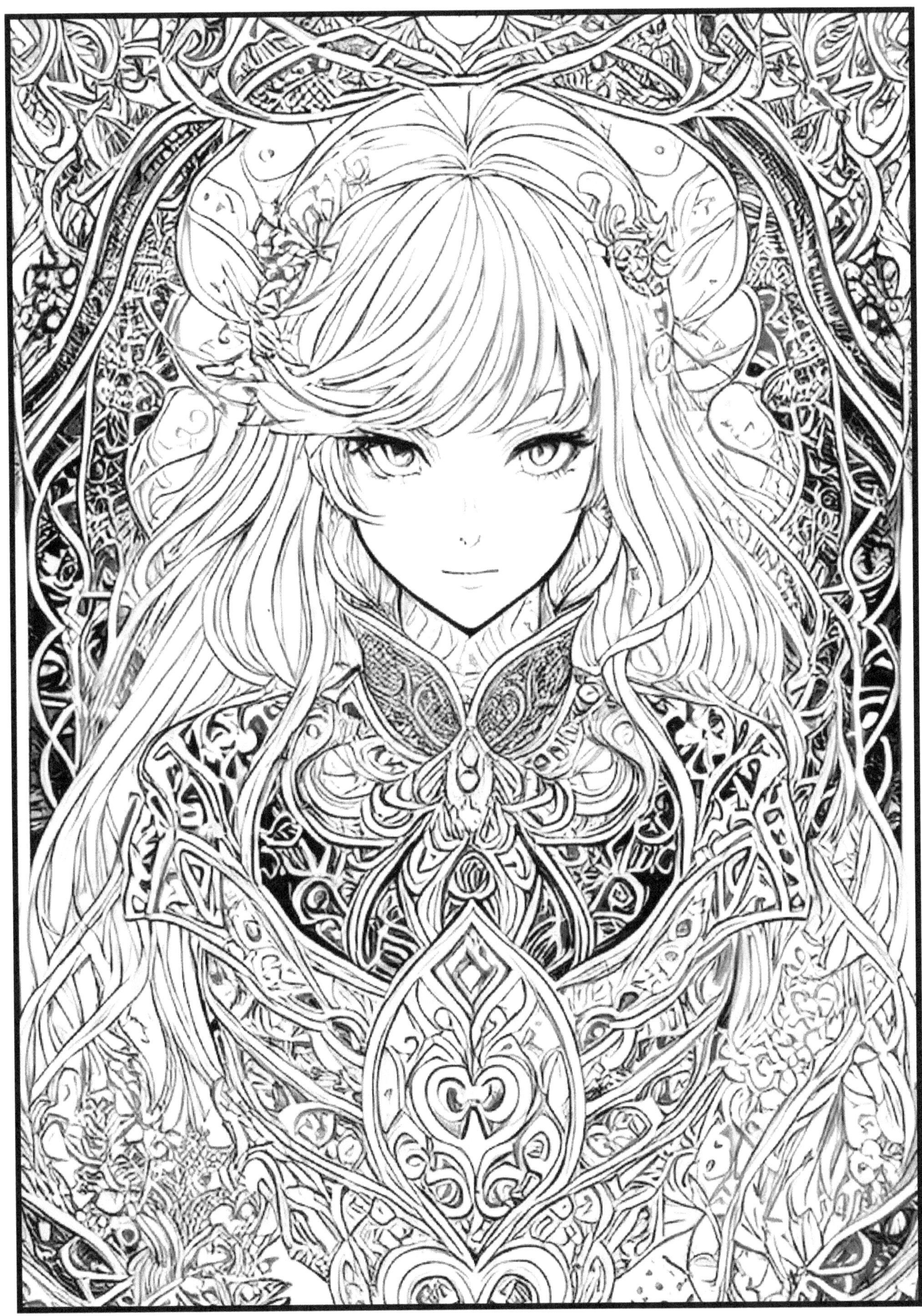

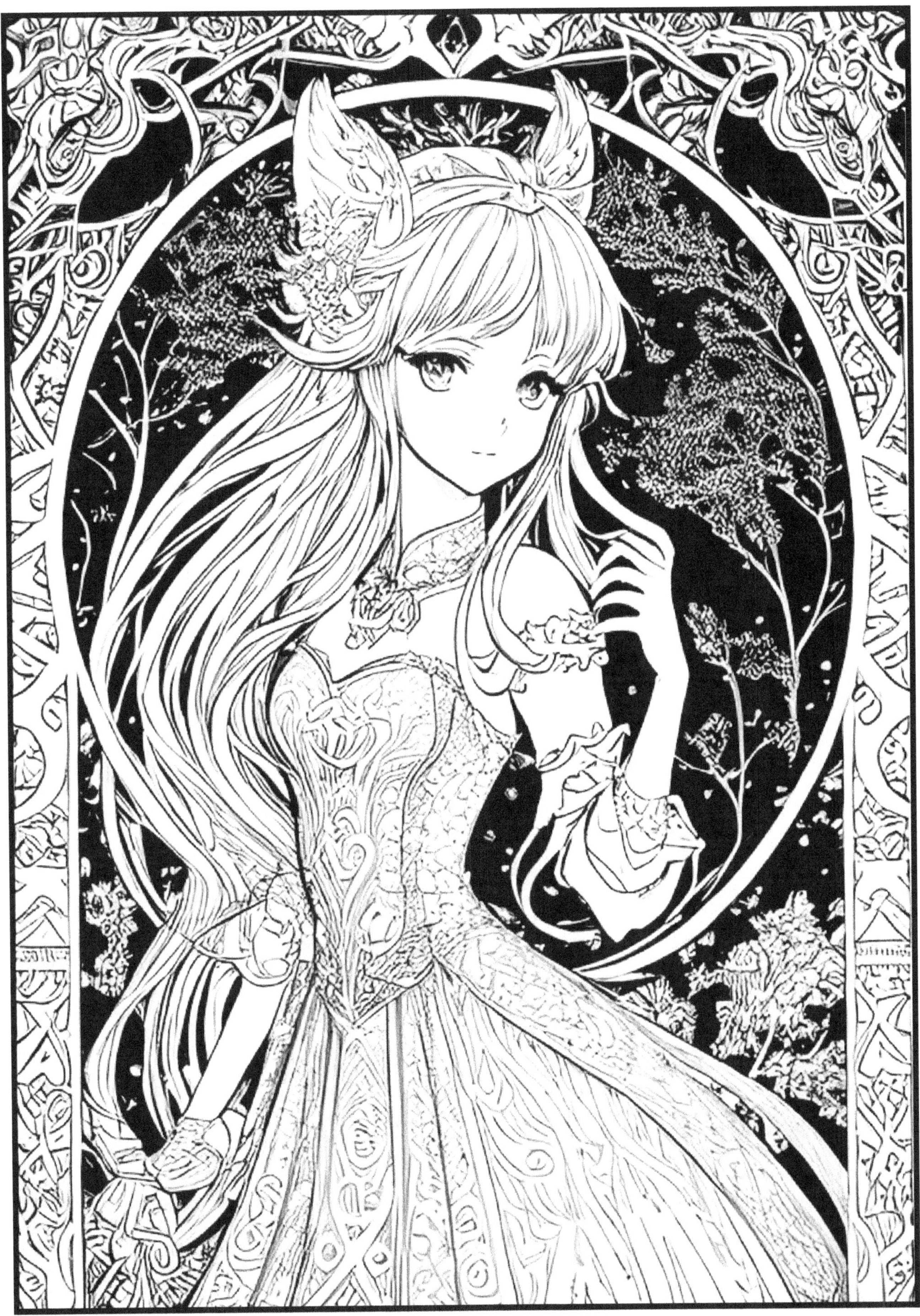

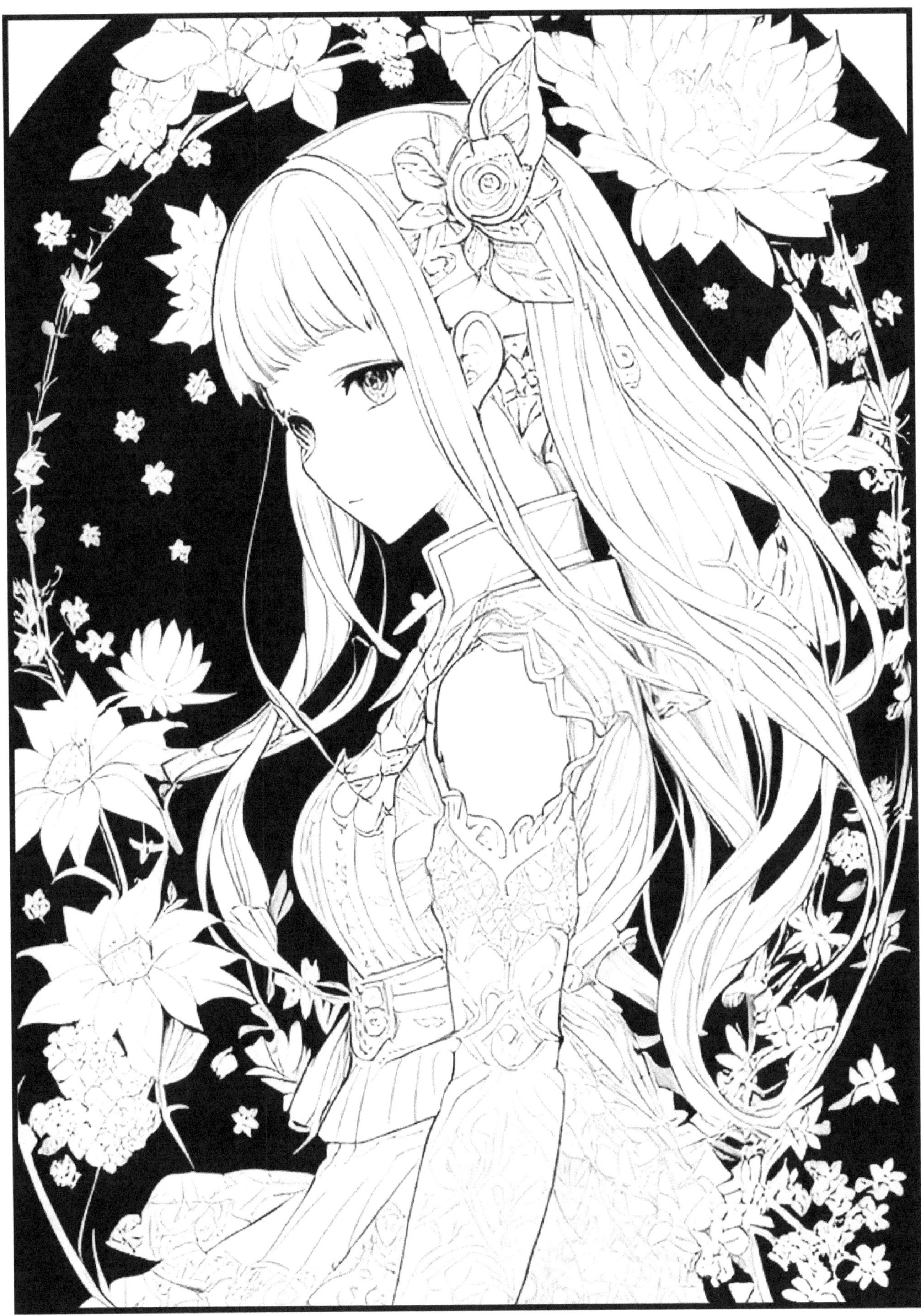